東大英語の核心

関 正生 *Masao Seki*

研究社

Copyright © 2016 by Masao Seki

東大英語の核心

- 本書のリスニング問題の音声は、研究社のホームページ（www.kenkyusha.co.jp）から無料でダウンロードできます。詳しくは vii ページをご覧ください。

- 本書に収録した東京大学の入試問題の解答と解説は、同大学が公表したものではありません。

PRINTED IN JAPAN

はじめに

東大英語は本当に「簡単」なのか？

　従来から「東大の英語」について語られることはよくありますが、驚くことにそのほとんどで、「教科書に即した内容」や「特殊な知識は問われない」といったことが強調されています。
　しかし、本当にそうでしょうか？
　実際はメチャクチャ難しいことや、重箱の隅をつつくような問題がいくつも出題されているように思います。
　具体的に、出題された問題から文法のポイントを挙げると、「冠詞 a のさまざまな用法」「＜ could have ＋過去分詞＞が持つ2つの意味」「whatsoever という単語の用法」などがあります。しかもこうしたものはただ長文の中に出てくるのではなく、しっかりとした知識が求められる応用問題として問われています。文法・語彙問題、長文問題、英文和訳問題、英作文問題、どれを見ても一癖も二癖もあるような難問が出題されます（上記のポイントは本編の中でしっかり解説します）。
　さらにリスニング問題も、センター試験とは比べものにならず、もっと言えば英検準1級よりもレベルは上です。
　いかがでしょう？
　まるで今までの東大英語対策で言われてきた「細かい英文法の知識はいらない」などということをあざ笑うかのような問題ばかりなのです。なぜ誰もハッキリと言わないのでしょうか？

　「東大の英語はメチャクチャ難しい」と。

冷静に考えれば、天下の東京大学の入試問題です。難しいに決まっています。というより「メチャクチャ難しい」というのが私の感想です。日本の大学受験生のトップの学力（トップレベルではなく文字どおりトップの学力）が要求されるのは当然のことなのです。

　本書では、「キレイごとはいいから、東大英語を鮮やかに斬ってくれ」「どうすればこんな問題が解けるの？」と求める「受験生の要求」に対して、「英語のプロフェッショナルの分析力と解法」を明確に示すことを目指しました。東京大学の英語の入試問題を徹底的に分析し、詳細に解説することで、読者のみなさんに「東大英語の核心」を理解していただけるように仕上げたつもりです。

　みなさんが東大英語を攻略する上で、本書がその強力な武器になり、東大合格への大きな一歩になることを願ってやみません。

2016年1月
関 正生

本書の使い方

1.「東大英語の核心」をつかめ！

各 Chapter の冒頭で、出題される問題の形式と傾向、解法のポイントを記しました。実践問題を解く前に、まず目を通してください。

▶ Chapter 1

▶東大英文法の核心

出題分析

■ 何が出るのか？

過去 30 年ほどの問題を見ると、その多くが正誤問題です。たまに整序問題も出るので、その 2 つの対策をしておく必要があります。

ごくまれに語彙問題も出ますが、これは東大受験者からしたら非常に簡単ですし、単語帳や長文などで語彙力を磨かない受験生はいないと思うので、問題なく対応できると思います。

また、20 年ほど前には会話問題が出たこともあるので、センター試験対策も含め、どんな問題にも対応できるようにしておくべきでしょう。

■ 文法書は完璧に理解する

文法の知識といえば、「最低限の文法知識があればよい。あまり細かい知識は不要（日常でも使わない）」といわれることもありますが、東大（に限らず最難関大学）に合格するにはしっかりとした文法知識が必要です。

東大合格のためには、少なくとも市販の文法書（問題集ではなく、文法書です）を隅から隅まで完璧に理解しておくことが最低条件です。

解法研究

■ 正誤問題の解法

(1) 指示文が 2 パターンある

東大の正誤問題では、指示文が 2 パタ...

パターン①「文法上取り除かなければ...
パターン②「文法上あるいは文脈上、...ずつある」

「文脈上」という言葉がないときは、文...
※ちなみに、2000 年度以前には「下線部...語が〜」のように、「文法上／文脈上」と...こういった場合は「文法上あるいは文脈...

隣の単語を削除する」という可能性もあ...触れますが、「正答だと思ってもすぐには...というキーフレーズだけは頭に入れてお...でも同じことが求められます。東大合格...

2. 東大入試の特徴的な問題を厳選！

英文法対策 4 題 (Chapter 1)、和訳対策 3 題 (Chapter 2)、長文対策 (1)［要約・文補充］4 題 (Chapter 3)、長文対策 (2)［物語・エッセイ］3 題 (Chapter 4)、英作文対策 4 題 (Chapter 5)、リスニング対策 2 題 (Chapter 6) を収録しました。どれも東大英語入試問題によく見られるタイプのものです。じっくり解いてください。

▶東大和訳対策

《実践問題 2》

次の英文の下線部 (1) と (2) を和訳せよ。ただし、(1) については their current ones の内容がわかるように訳せ。また下線部 (3) について、そこで使われていたときは具体的に何を言おうとしているのか、その内容をわかりやすく 30 〜 40 字で説明せよ。句読点も字数に含める。

A general limitation of the human mind is its imperfect ability to reconstruct past states of knowledge, or beliefs that have changed. Once you adopt a new view of the world (or of any part of it), you immediately lose much of your ability to recall what you used to believe before your mind changed.

Many psychologists have studied what happens when people change their minds. Choosing a topic on which minds are not completely made up — say, the death penalty — the experimenter carefully measures people's attitudes. Next, the participants see or hear a persuasive pro or con message. Then the experimenter measures people's attitudes again; they usually are closer to the persuasive message they were exposed to. Finally, the participants report the opinion they held beforehand. This task turns out to be surprisingly difficult. (1)Asked to reconstruct their former beliefs, people retrieve their current ones instead — an instance of substitution — and many cannot believe that they ever felt differently.

(2)Your inability to reconstruct past beliefs will inevitably cause you to underestimate the extent to which you were surprised by past events.

3.「なぜこの問題が出題されるか？」「どんな対策が必要か？」を丁寧に解説！

正解が引き出されるまでの過程をわかりやすく解説するだけでなく、ほかの選択肢から感じ取れる出題者の意図も読み解きます。「この問題は、こう考えて、このような引っかけに注意すれば、必ず正解が引き出せる」といった観点を、カリスマ講師が伝授します。

「**東大思考！**」では、その問題がどうして東大入試に出題されるかを検討し、合格に必要な学習法を提案します。

「**英語の核心！**」では、東大入試以外の問題（ほかの国公立大学や有名私大の入試はもちろん、TOEIC や英検、TEAP など）でも効果を発揮する「丸暗記不要の英語の知識」をまとめています。

● 過去形なのに Now が使われる理由

この文は関係代名詞で2つの文が1つになったものですが、本来この2つの文は時制が異なります。関係代名詞節は過去完了形（had punished）で、主節は過去形（was asking）です。これで、物語でよく使われる時制の特徴が使われているわけですね。この英文は物語ではありませんが、「過去を基準にしている」という点では全く同じです。基準（過去）より昔のことを過去完了にしているのです。

そこに気づければ、文頭の Now と in the past の対比が見えてきます。（関係代名詞を使う前の）2つの文に分解して確認してみましょう。

> This government had punished them [in the past] for speaking their own language.

> [Now] this government was asking them to use it to help win the war.

過去形なのに Now が使われているのは、過去形が英文の基準になっている（視点がそこにある）からです。この Now をどう訳すかですが、「視点がそこにある」感じを再現して「今でも」としても OK ですが、in the past との対比を意識して「今度は」とか「実は今では」とすれば、東大受験生の中でも光り輝く答案になるでしょう。

文全体では「過去は～だったこの政府が、今度は～を求めていた」という和訳になります。

「昔はあんなだったくせに、今となってはこうだ」と「手のひらを返す」ニュアンスが込められているのです。そして、下線部直後の文 White people were stranger than the Navajos had imagined. の「白人のわけのわからない感じ、手のひらを返す感じ」を反映して、解答例では Now を「なんと今度は」と表現してみました。

やはり「東大の下線部和訳は文脈を意識する」ことで、英文の持つニュアンスまでわかるわけです。

英語の核心！

be subject to ～ は大学入試で頻出の熟語です。sub は「下」という意味で、「～に対して下に置かれている」→「～の支配下にある」が本来の意味です。

さらに「～の支配下にある」から、「～のなすがままである」「～の影響下にある」「～を受けやすい」「～に左右される」など、いろいろな訳が考えられます。また、特に重要で訳しにくい例は以下のものです。しっかりチェックしておきましょう。

be subject to substantial fines（高い罰金を受ける［科せられる]）
be subject to weather condition（天候によって変更の可能性がある）

東大思考！

この下線部 (8) は、「東大受験生だからこそむずかしく感じる」ポイントがあります。それが2つの could です。英語が苦手な受験生なら could を見た瞬間に「できた」という意味を最初に考えますが、東大受験生はそんな人はいないでしょう。

「助動詞の過去形」を見たら、まずは「仮定法ではないか？」と考えるのが筋の良い姿勢です。特に、2つめの could not have ＋ 過去分詞」に関しては、何も疑わず仮定法と思い込んだ末、最後まで仮定法と迷っていた人も相当いたはずですし、東大が狙っているのもまさにそこでしょう。

仮定法なのか過去に向けた推量なのかは意味で判断するしかありません。もし I could not possibly have seen を仮定法と考えると、和訳は「（あくまで仮の話だが）見えなかった細かい点（しかし実際には見えた）」となってしまいます。「実際には見えなかった」のですから、この解釈は成立しないのです。

こういう問題は、従来は「標準問題」と分類されがちですが、正解に

---

4. 問題文の全訳を収録！

学習者の便宜をはかり、問題のすべての英文に日本語の全訳をつけました。必要に応じて参照してください。

＜和訳＞

11歳の頃、私は週に1度、ケイティ・マッキンタイアさんという人からバイオリンのレッスンを受けていた。彼女の教室は市内のビルの4階で、広くて日当りがよく、下の階には歯医者、製紙販売会社や廉価な写真店などが入っていた。上階へはエレベーターを使うのだが、時代遅れの代物で4階まで上がるたびに危なっかしげに揺れていた。4階はマッキンタイアさん以外には、E・サンプソンという、死者と交流できる霊能師がいるだけだった。

サンプソンさんのことは、母の友人たちから噂で知っていた。有名な医者の娘で、クレイフィールド大学へ通っていた当時は賢くて人気があったらしい。だがそれから、母の友人の表現によれば──彼女の才能が開花したのだ。それはまったく突然に現れた才能だったが、それで彼女が知性やユーモアのセンスを損なうことはなかったそうだ。

彼女は死者の声で話すようになった。郊外の公園で殺された少女や、いずれかの戦争で死んだ兵士、行方不明の息子や兄弟などだ。時々、私はレッスンに早く着くと、エレベーターで彼女と一緒になることがあった。私はバイオリンのケースをしっかりと抱え、彼女がエレベーター内にとなっているかもしれない霊たちに場所をあけるため、エレベーターの壁にぴったりと貼りついていた。

「リスニング問題音声」ダウンロード方法

　リスニング問題の音声は、研究社のホームページ（www.kenkyusha.co.jp）から、以下の手順で無料ダウンロードできます（MP3 データ）。

（1）研究社ホームページのトップページで「音声ダウンロード」をクリックして「音声データダウンロード書籍一覧」のページに移動してください。

（2）移動したページの「東大英語の核心」の紹介欄に「ダウンロード」ボタンがありますので、それをクリックしてください。

（3）クリック後、ユーザー名とパスワードの入力が求められますので、以下のユーザー名とパスワードを入力してください。

ユーザー名：guest
パスワード：TodaiEigoNoKakushinOnsei

（4）ユーザー名とパスワードが正しく入力されると、ファイルのダウンロードが始まります。ダウンロード完了後、解凍してご利用ください。

　音声ファイルの内容は、以下のとおりです。

リスニング問題
　（A）放送文　　DOWNLOAD 01　⇒　1 回分収録
　　　　　　　　DOWNLOAD 02　⇒　2 回分収録
　（B）会話文　　DOWNLOAD 03　⇒　1 回分収録
　　　　　　　　DOWNLOAD 04　⇒　2 回分収録

目 次

はじめに　iii

本書の使い方　v

「リスニング問題音声」ダウンロード方法　vii

【Chapter 1】
東大英文法対策　1

【Chapter 2】
東大和訳対策　29

【Chapter 3】
東大長文対策(1)　〜要約・文補充〜　59

【Chapter 4】
東大長文対策(2)　〜物語・エッセイ〜　101

【Chapter 5】
東大英作文対策　167

【Chapter 6】
東大リスニング対策　191

おわりに　224
出典一覧　226

東大英文法対策

　東大では、文法問題が単独で（大問として）出題されます。超難関大学では、純粋な文法問題は減少傾向にありますから、東大入試はやや珍しいと言えます。

　東大はあえて文法を大問として出題することで、受験生にどんな力を求めているのでしょうか？

　厳選された良問をこなし、詳細な解説を読みながら、その力を身につけていきましょう！

▶ Chapter 1

▶東大英文法の核心

出題分析

■ 何が出るのか？

　過去30年ほどの問題を見ると、その多くが正誤問題です。たまに整序問題も出るので、その2つの対策をしておく必要があります。

　ごくまれに語彙問題も出ますが、これは東大受験者からしたら非常に簡単ですし、単語帳や長文などで語彙力を磨かない受験生はいないので、問題なく対応できると思います。

　また、20年ほど前には会話問題が出たこともあるので、センター試験対策も含め、どんな問題にも対応できるようにしておくべきでしょう。

■ 文法書は完璧に理解する

　文法の知識といえば、「最低限の文法知識があればよい。あまり細かい知識は不要である（日常でも使わない）」といわれることもありますが、東大（に限らず超難関大学）に合格するにはしっかりとした文法知識が必要です。

　東大合格のためには、少なくとも市販の文法書（問題集ではなく、文法書です）を隅から隅まで完璧に理解しておくことが最低条件です。

■ 東大らしい特徴は？

　正誤問題も整序問題も、ほかの大学であれば（早稲田大学や慶応大学でさえも）ほとんどが「形」（構文）に注目することで解けてしまいます。もちろん文脈を意識する問題もたまに出ますが、それを捨てても合格できます。ところが東大の問題は、「形」だけではなく、「文脈」までしっかり考えて判断しないと合格ラインには届きません（詳しい解法は、「解法研究」を参照）。

■ 東大合格に必要な発想は？

　「いくつもの可能性を、あらゆる角度から考える」学生を求めていることが、東大の問題には表われています。

　正誤問題の場合、「この単語を削除すればOKだ」と思っても、実は「その

隣の単語を削除する」という可能性もあります。具体的には実践問題の解説で触れますが、「正答だと思ってもすぐには飛びつかない。2つの可能性を考える」というキーフレーズだけは頭に入れておいてください。整序問題でも長文問題でも同じことが求められます。東大合格に必要な考え方です。

解法研究

■ 正誤問題の解法

(1) 指示文が2パターンある

東大の正誤問題では、指示文が2パターンあります。

> パターン①「文法上取り除かなければならない語が一語ずつある」
> パターン②「文法上あるいは文脈上、取り除かなければならない語が一語ずつある」

「文脈上」という言葉がないときは、文法に集中すればいいということです。

※ちなみに、2000年度以前には、「下線部(1)〜(5)には、取り除かなければならない語が〜」のように、「文法上／文脈上」という言葉は一切使われていませんでした。こういった場合は「文法上あるいは文脈上」を付け足して解釈します。

(2)「形」に注目する

まずは「形」、つまり「構文」を正確に把握します。主語＋述語動詞、品詞、関係詞、接続詞が正しく使われているかなど、英文を読む際の基本作業を進めます。そしてその過程で明らかな矛盾や間違いに気づくでしょう（たとえば、「述語動詞がない」「述語動詞が余分にある」「名詞がくるべきところに形容詞しかない」など）。そうした部分に気がつけば解けます。

年度にもよりますが、これだけで半分以上の問題が解けることがほとんどです。東大が正確な「文法力・解釈力」を受験生に求めている証拠です。

(3)「意味」を考える

「形」と「意味」を同時に考えるのは実は結構難しいことなので、まずは「形」

に注目して、それでおかしな箇所が見つからなかったら、次に「意味」を考える「2回読み」がオススメです。

さらに、東大の英語はただ闇雲に意味を考えさせるのではなく、「普段からきちんとした読み方をしているか？」ということを狙った問題を出してきます。たとえば、読解で多用する "this 名詞" の働き（15ページ参照）を正誤問題に紛れ込ませるのです（実践問題2できちんと解説します）。

(4) ミスを防ぐ

東大の正誤問題は「単語を削除する」形式です。「削除するのはこれだ！」と思ったら、念のため指で隠す、もしくは鉛筆で実際に黒く塗りつぶして、本当に英文が正しいかどうか、実際によく読んで確認してください。これだけでちょっとしたミスに気づくこともあります。些細な方法ですが、結構役立ちますよ。

■ 整序問題の解法

(1)「形」に注目する

センター試験だろうが東大の入試だろうが、整序の基本は同じです。注目することは3つあり、この3つの step にしたがって解いていきます。

---

step 1　「動詞」に注目する	※その動詞の「語法」を考える（複数の可能性があるのが普通）。
step 2　「接続詞」に注目する	※何と何を結ぶかを意識する。
step 3　「つなげられるもの」はつなぐ	※「品詞」と「熟語」を意識する。

「整序問題が苦手」な人は、まず「動詞の語法を意識する」「接続詞を完璧に理解する（特に once, every time, suppose などに従属接続詞の役割があることなど）」「品詞を意識する」「熟語帳を最低1冊は完璧にマスターする」ことを考えましょう。特に最近は、難しい熟語の知識が必要とされる問題が増えています。

さらに、注意点が2つあります。

> ① 必ず英文を書く（記号だけで処理しない）
>   ※しっかり英文を書くことでケアレスミスにも気づく。
> ② 前後のつながりを意識する
>   ※文の一部が整序問題になることがよくある。

(2)「意味」を考える

　東大入試の場合、長文の中で整序問題が出ます。これは「英文の意味も考慮しなさい」というメッセージと考えられます。正誤問題同様、「形」だけでは解けない、もしくは2つの可能性が考えられるときは文脈も十分に考慮しないといけません。

　ちなみにここ数年、整序に関しては文脈を考慮しないといけない、かなりの難問が続いたのですが、さすがに受験生の出来がよくなかったのか、2015年度は少しやさしくなりました（「普通の東大レベルに戻った」といえるでしょう）。このレベルの問題が確実に解けることが東大合格の新たな目安になると予想されます（2015年度の問題は実践問題4に採用しています）。

▶ Chapter 1

《実践問題1》

次の英文 (1) 〜 (5) には、文法上取り除かなければならない語が一語ずつある。解答用紙の所定欄に、該当する語とその直後の一語、合わせて二語をその順に記せ。文の最後の語を取り除かなければならない場合は、該当する語と×（バツ）を記せ。

(1) Among the many consequences of those political developments was for one that in the end turned out to be too complicated for the government to handle.

(2) The sacrifices that the two countries have been told they must make are to restore stability to the world economy are almost if not completely the opposite of each other.

(3) Not only did the country become economically successful, but its citizens achieved some level of psychological unity as a people, despite the fact that they became consisted of several distinct ethnic groups.

(4) Science sometimes simplifies things by producing theories that reduce to the same law phenomena previously considered were unrelated — thus clarifying our understanding of the apparent complexity of the universe.

(5) However hard it may have had been to justify the prime minister's support for those groups, she proved herself to be a person of principle by continuing to hold this position despite considerable

> opposition during the next decade.
>
> 2011 年度

<解答>
(1) for one   (2) are to   (3) became consisted   (4) were unrelated
(5) had been

<なぜこの問題が重要か？>
「2つの可能性を考える」東大らしい問題が、なんと5題中3題も出ています。まさに東大の文法問題を代表するような問題です。

<解説>
この問題は、「<u>文法上</u>取り除かなければならない語が一語ずつある」とあるので、文法に集中できます。原則どおり、まずは構文をきちんと把握していくことで正解が見えてきます。

(1)
文頭の Among は前置詞ですから、これを見た瞬間に以下の形を予想しないといけません。

(Among 名詞) V S. / (Among 名詞) S V.

文頭に否定の副詞（たとえば never）がきた場合は強制的に SV は倒置（VS の語順）になりますが、among の場合は強制的ではありません。とはいえ、倒置になることが多いので、まずはそれを予想するのがセオリーです。
すると、among のカタマリのあとにある was が V だとわかります。当然 was のうしろには S になる「名詞」がくるはずです。

▶ Chapter 1

```
(Among the many consequences of those political developments)
          M（Amongが作る副詞句）

was  for one  ～
 V    ？？？
```

for one では主語になれません。主語にするために、for を取り除けば OK ですね。

東大思考！

　この問題は簡単に正解できますが、東大合格をめざすみなさんは、念のためほかの可能性も考えておきたいところです。つまり、(Among 名詞) SV. という可能性もあるわけですから、その場合は以下のように、of を削除するのではないかと予想できます。しかし、of を削除すると、1つ矛盾が起きます。どこかわかりますか？

```
(Among the many consequences) of those political developments
     M（Amongが作る副詞句）              S

was (for one ～ )
 V      M
```

　SV が一致していませんね。S が developments なのに、V が was ではいけません。結局、ここでは「ほかの可能性」を考える必要はありませんでしたが、この姿勢は東大合格には絶対に必要です。

(2)
　構文を取っていくと、動詞があまることに気がつきます。

```
〈The sacrifices [that the two countries have been told {that} they
        S

must make]〉 are to restore stability to the world economy are ～
              V                                          ？？？
```

このままでは、SVV という形になってしまいます。
※ちなみに、長い主語の The sacrifices that the two countries have been told {that} they must make は、told の直後に接続詞 that が省略されています。

さて、ここで「2つめの（余分な）動詞 are を削除する」と即断してしまう人も多そうですが、まさにここで「東大が受験生に求める思考法」が問われているのです。2つめの are を削除する可能性のほかに、「1つめの are を削除する」というもう1つの可能性も考えないといけません。

今回の問題は「文法上」とあるので、どちらが正しいのか徹底的に文法の観点から考えます。もし2つめの are を削除するとなると、そのうしろで矛盾が起きるのがわかりますか？

to restore stability to the world economy ~~are~~ **(almost if not completely) the opposite of each other.**
　　　　　　　　　　　　　　　　　　　？？？

restore の目的語が stability で、to のあとには the world economy がきています。almost if not completely（ほとんど、完全にとは言わないまでも）はこれで1つのカタマリを作ります。A if not B（A だ、たとえ B ではないにせよ）という形です。

となると、そのあとの the opposite of each other という名詞句が完全に「あまる」のです。したがって、2つめの are を削除すると、とんでもない英文になってしまいます。

正解は1つめの are を削除することだとわかりますね。1つめの are の直後にある to restore は「副詞的用法の不定詞（〜するために）」と考えればいいのです。

▶ Chapter 1

▼正しい構文

〈The sacrifices [that the two countries ～ (to restore stability to
　　　　S

the world economy)]〉 are ～
　　　　　　　　　　　 V

(3)
　この問題も構文を取ることから始めますが、その過程で became consisted of のところで異変に気づけば OK です。単なる語句に関する問題でした。
　文法的な説明をすれば「consist は自動詞なので直前の became は不要」となりますが、それよりもここでは「～からできている」という意味の熟語を整理しておくほうが有効です。この知識は基本中の基本ですので、東大受験者は絶対に知っておかないといけません。

▼「～からできている」という意味の熟語の整理

　2語で言うと…consist of ～
　3語で言うと…be composed of ～ / be comprised of ～
　4語で言うと…be made up of ～
　※すべて「材料を表わす of」を取る。

　be composed of ～ など、be 動詞をともなうものは、be が become になる可能性もありますが、consist にはその可能性がありませんね。

(4)

> **Science sometimes simplifies things (by producing theories**
> 　　S　　　　　　　V　　　　O　　　　　M
>
> **[that reduce (to the same law) phenomena previously considered**
> 　　　　(V)
>
> **were unrelated])**
> 　? ? ?

　reduce は、関係代名詞 that 節内での動詞です。reduce は他動詞でよく使われるので、もしかしたら「直後の to が不要」と思うかもしれませんが、**「確実におかしいところで勝負する」**のが正誤問題の鉄則です。そのまま読み進めると、突然出てくる were が変だと気づきますね。ここで述語動詞 were は不要です。
　that 以下の構造は、本来 reduce phenomena previously considered unrelated to the same law という形から、to the same law が reduce の目的語の前に移動したわけです。

(5)
　文頭部分の it may have had been が変ですね。「助動詞 + have + 過去分詞」という形はいいとして、have had been では過去分詞が 2 つ並んでしまっています。ここも「had か been のどちらかが違う」という 2 つの可能性を考えるわけです。

▼ (had を残し) been を削除する場合

> **However hard it may have had ~~been~~ to justify ～**

　had to ～ の形は一見よさそうですが、そもそもこの英文は However hard で始まる複合関係詞の文です。However に引っ張り出された hard には「本来戻るべき場所があるはず」です (be hard のように be 動詞などが必要)。さらに、(この However 節内の) 主語 it の説明がつきません。

▶東大英文法対策

11

▶ Chapter 1

以上から、元々は以下の英文だったとわかります。

```
It may have been hard ⟨to justify ～⟩
仮S     V       C          真S
```

したがって、may have been にするため、削除すべきは had となるわけです。

＜和訳＞
(1) それらの政治的発展がもたらした多くの結果の中には、最終的に複雑すぎて政府には手におえないとわかったものがあった。
(2) その2か国が、世界経済に安定を取り戻すために払うよう要求されてきた犠牲は、完全とまでは言わなくても、ほぼたがいに相反したものである。
(3) 国が経済的に成功しただけではなく、その国民も、いくつかの別々の民族集団で構成されているにもかかわらず、一国の民(たみ)としてある程度心理的に団結することに成功した。
(4) 科学は時に、それまでは無関係だと考えられていた現象を同じ法則に当てはめて次元を下げる理論を生み出すことで、物事を簡略化し、一見複雑に思えるこの世界を明確に理解させてくれる。
(5) 自身がそれらの集団を支援することを正当化するのは難しかったかもしれないが、首相はその後10年間多くの反対を受けてもその立場を保ち続けたことで、主義に忠実な人間であることを示した。

《実践問題２》

次の英文には、文法上あるいは文脈上、取り除かなければならない語が全部で5語ある。それぞれどのセンテンスのどの語か。センテンス番号と、その語を記せ。

(1) Some of philosophers come to the conclusion that there is no such thing as philosophical progress, and that philosophy itself is nothing but its history. (2) This view has been proposed by more than one philosopher and it has been called "historicism". (3) This idea that philosophy consists not only of its history is a strange one, but it has been defended with apparently striking arguments. (4) However, we shall not find ourselves are compelled to take such a view. (5) I intend to take an entirely different in view of philosophy. (6) For example, all of you have probably read some of Plato's *Dialogues*. (7) There, Socrates asks questions and receives various answers. (8) He asks what it was meant by these answers, why a particular word was used in this way or that way. (9) In short, Socrates' philosophy tried to clarify thought by analyzing the meaning of our expressions.

2001 年度

▶ Chapter 1

<解答>
(1) of   (3) not   (4) are   (5) in   (8) it

<なぜこの問題が重要か？>
　この問題には「**文法上**あるいは**文脈上**」とあるので、まずは「文法」の点から考え、そのあとに「文脈」も考えなければならない問題です。ただし、東大入試は闇雲に文脈を考えさせるのではなく、読解上とても重要な、あるポイントを狙って出題しています。

<解説>
　解答になる (1)(3)(4)(5)(8) のみ解説します。

(1)
　1秒で解くべき問題です。文頭の Some of philosophers が変です。**one of ～ / some of ～ / many of ～ / most of ～** など、「部分を表わす of」のうしろには「**特定された名詞**」がきます。「特定された名詞」には the ＋名詞、所有格＋名詞、代名詞という３つのパターンがあります。

　▼「部分を表わす of」のあとにくる「特定された名詞」のパターン

---

① the ＋名詞　　例：one of the boys
② 所有格＋名詞　例：one of my friends
　　　　　　　　※「私の」と言えば特定される。
③ 代名詞　　　　例：one of them
　　　　　　　　※「代名詞」はそもそも特定されている。

　まちがっても「of のあとには the がくる」なんて考えないでください。あくまで「**『部分を表わす of』のあとには the などがくる**」というのが正しい考え方です（これに関しては理由が説明されることがあまりないので、ぜひ次ページの「英語の核心！」に目を通してください）。
　この文法事項を狙った問題は東大の定番中の定番で、過去に何度も出ているので、東大受験者であれば一瞬で解けるようにしておいてください。

英語の核心！

「部分を表わす of」は、"部分集合 of 全体集合"という形を作ります。「部分」を語るには、「全体」を特定する必要があります。たとえば、いきなり「30%の人は」と言われても、何の 30%なのかわからないので、全体を特定するために定冠詞 the や my などの所有格が付くのです。したがって、**Some of the philosophers** ならば正しくなります。

(3)
　文法上おかしいところは何もありませんが、このままでは前後の文脈と合いません。(1)の後半で、philosophy itself is nothing but its history とあるので、「哲学＝歴史」なのです。
　ところが、この (3) では This idea that philosophy consists *not* only of its history とあって、内容が矛盾してしまいますね。「哲学＝歴史」ですから、not を削除して、philosophy consists only of its history とすれば OK です（consist of ～ の熟語については 10 ページを参照）。

英語の核心！

英文を読んでいて、"this 名詞 / these 名詞"があったら、そこで一度英文の内容を「まとめている」と考えてください。単純なことなのですが、これをはっきり意識している受験生は意外と少なく、また、東大はこの "this 名詞 / these 名詞"をしつこく設問に絡めてきます。

▼ "this 名詞 / these 名詞" の働き

① 前の文の「まとめ」と考える。
　　↓
② 「前の文をまとめると 名詞 になる」と確認できる（たとえば this metaphor とあれば、前の内容がいまいちわからなくても、「metaphor（比喩）なんだ」と認識できる）。

> ③ 前の文をまとめているのは、さらに話を展開するため。したがって、一度これまでの内容を頭の中で整理して、次の展開に備える。

　これは英文読解には欠かせない超重要テクニックです。
　この問題では、(1) の文をまとめたのが (2) にある This view です。さらに (3) の This idea で、同じ内容を示しています。
　東大は、「普段から "this 名詞" の働きに注目していれば、この英文の文脈上の矛盾にもすぐに気づくはずだ」と受験生に伝えているのだと思います。
　過去の東大の問題で、この "this 名詞" に関する設問は数知れません。本書でも、このあと何度も出てきますよ。

(4)
　find を見たら、まずは第 5 文型 find OC（O が C だと気づく）を考えれば正しい確率が高く、ここでもそうです。are が余計ですので削除します。find ourselves compelled to ～（われわれ自身が～するのを強いられることに気づく）となります。
　ちなみに、find that sv という型（find {that} ourselves are compelled）を考えた人もいるかもしれませんが、再帰代名詞 ourselves が主語になっている文を見たことはないはずです。

(5)
　take の目的語を探すと、an entirely different までしかなく、肝心の名詞がありません。in を削除して view of philosophy を名詞とすれば OK です。

東大思考！

> 　この問題はきちんと構文を考える人には簡単ですが、なんとなく単語をつなげて雰囲気だけで英文を読む人には、**in view of ～（～を考慮すると）**という熟語に見えてしまい苦戦します。
> 　実はこの「一見すると熟語に見える」というひっかけ問題は一時期東大入試に頻繁に出題されました（5 題中 4 題出た時もあります）。きちんと構文を考える受験生（＝東大に受かる受験生）にとってはあまりにも簡単な

ので最近はそれほど出題されなくなりましたが、念のためひっかけパターンの問題にも慣れておきましょう。

(8)
He asks what it was meant の部分が変ですね。

この what は（文脈から判断すると）疑問代名詞ですが、疑問代名詞であれ関係代名詞であれ、what のうしろは「名詞が欠けた形」になるはずです。ところが、what it was meant は「名詞が欠けた形」にはなっていません。そうするためには、3つの可能性が考えられます。

<① it を削除する場合>
what ~~it~~ was meant

「何が意味されていたのか（を彼は尋ねる）」という意味ならば文脈が通るので、これが正解です。

※過去形になっていることを変に思った人は、発想はとてもよいです。しかし、このあと（why a particular word was used）でも過去形が使われているので、過去形で OK だとわかります。

<② was を削除する場合>
what it ~~was~~ meant

meant の目的語が欠けていると判断すると、直後に by があるので、mean A by B（B によって A を意味する）という重要表現と考えられます。しかし、これでは it が何を指すか意味不明になってしまいます（questions や answers を指すのなら「複数形 they」になるはずです）。

<③ meant を削除する場合>
what it was ~~meant~~

この場合も it が意味不明ですね。

▶ Chapter 1

東大思考！

「2つの可能性を考えさせるのが東大だ！」と言ってきましたが、この問題では「3つの可能性」を考慮しなければなりません。合格した受験生は実際にそうしていたはずです。この発想は、文法問題に限らず、どの問題でも求められます。つねに、「あ、答えはこれだ」と思ってもすぐに飛びつかず、その周りをすばやく慎重に確認する習慣をつけてください。

<和訳>
　(1) 哲学が進化することなどなく、哲学それ自体はその歴史に過ぎないという結論に行きつく哲学者もいる。(2) この考え方は複数の哲学者によって提唱され、「歴史主義」と呼ばれてきた。(3) 哲学は歴史のみから成り立っているというこの考えは一風変わったものだが、一見目を引く主張により守られてきた。(4) しかし、われわれもそういった考え方をしなければならないと思う必要はない。(5) 私は哲学についてまったく違った視点から考えようと思う。(6) たとえば、読者のみなさんのうちおそらく全員がプラトンの『対話』を少しでも読んだことがあるはずだ。(7) その本では、ソクラテスが問いを投げかけ、さまざまな答えを受け取る様子が書かれている。(8) 彼はそれらの答えが何を意味するのか、ある特定の言葉がどういった理由であれやこれやの使い方をされたのかを問いかける。(9) つまり、ソクラテスの哲学は、われわれが使う表現を分析することにより思考を明らかにしようとしたのだ。

《実践問題３》

次の各文が意味の通った英文となるようにア～オを並べ換え、その２番目と４番目にくる語の記号を記せ。

(1) I know how you feel about the mistake, but it is (ア a イ much ウ not エ of オ problem).

(2) John will be late for the first game, so we'll just (ア do イ have ウ make エ to オ with) ten players.

(3) His official position hasn't changed, but actually he isn't (ア as イ as ウ before エ in オ involved) our decision-making processes.

(4) She can't come to the phone. She is (ア in イ middle ウ of エ right オ the) her work.

(5) You're not making any sense — (ア is イ it ウ that エ what オ you) want?

2000 年度

▶ Chapter 1

<解答>
(1) イーア　(I know how you feel about the mistake, but it is [not much of a problem].)
(2) エーア　(John will be late for the first game, so we'll just [have to make do with] ten players.)
(3) オーウ　(His official position hasn't changed, but actually he isn't [as involved as before in] our decision-making processes.)
(4) アーイ　(She can't come to the phone. She is [right in the middle of] her work.)
(5) アーウ　(You're not making any sense — [what is it that you] want?)

<なぜこの問題が重要か？>
　(2)以外は100パーセント知識問題で、選択肢を見た一瞬で、問われている熟語・重要構文がパッと頭に浮かばないといけない問題ばかりです。この問題を通して、東大がどの程度の知識を求めているかを知ることができます。

<解説>
(1)
　完全に知識問題で、**much of a ～（おおいに～）** という熟語が問われています（ofは「性質」を表わし、「～の性質をおおいに持っている」→「おおいに～」となります）。たとえば、much of a surprise なら「すごくびっくりすること」です。
　この問題では not much of a ～ なので「あまり～ではない」という意味になります。
　※ちなみに、not much of a problem（たいした問題ではない）は、東大受験者であれば「なんか見たことがあるな」と思った人もいるでしょう。それは多くの英文に触れている証拠ですから、それはそれでよいことだと思います。

(2)
　do, have, make という「さまざまな語法を持つ動詞」が3つもあります。動詞以外の選択肢は to と with だけなので、どうやらこの3つの動詞を1つのカタマリにしないといけないようです。
　まず have は使役動詞の用法がよく知られていますが、ここでは to があるの

▶東大英文法対策

で、have to（〜しなければならない）とするとよさそうです。

　ここからが問題です。make は整序問題では「使役動詞」の用法が圧倒的に多いのですが、この問題では第 5 文型 make OC の形にすることができません。make の目的語に相当する語がないので、「make を使った熟語」に可能性を見いだします。たとえば、make believe（〜のふりをする）のような熟語であれば東大受験生には簡単ですが、ここでは **make do with 〜（〜でなんとか間にあわせる）** というマイナーな熟語が出題されています。これは難問ですから解答できなくてもしかたないでしょう。

　　※ちなみに、make believe は本来 make O believe（O に信じ込ませる）から、O が省略されて生まれた熟語です。また、make do with 〜 と同じ意味で make O do（O が間にあう状態にする）という熟語があります（この do は自動詞で「間にあう」の意味）。ここで 1 つ提案ですが、これも O が省略されて make do になり、少し変化が起きて make do with 〜 になったと考えてください。その方が丸暗記するよりはるかに記憶に定着しやすくなると思います。

(3)

　選択肢を見て、as 〜 as ... と be involved in 〜 を予想するのは簡単ですね。ポイントは組み合わせ方で、安易に as involved in as before にすると in の目的語が不明ですし、なにより直後の our decision-making processes とつながりません。as before を前に移動すれば OK です。

> he isn't **as** involved in our decision-making processes (**as** before)
>
> ↓
>
> he isn't **as** involved (**as** before) in our decision-making processes

　このように比較対象の部分（as ... / than ...）が前に移動することは、長文の中でもよく見かけます。この英文で慣れておきましょう。

(4)

　in the middle of とつなげるのは簡単ですね。問題は right の位置ですが、**right** には「時間・場所の表現 の直前に置いて『強調』する働き」があります。

▶ Chapter 1

たとえば、right now（今すぐ）、right here（まさにここで）などで、見たことがあるはずです。ここでは in the middle of her work の直前に right を置けば完成です。

(5)

　　疑問詞 is it that 〜 ? という疑問詞の強調構文を作ります（訳すときは疑問詞を強調して「一体全体」などの言葉を付け足します）。これは重要な構文ですが、東大レベルであれば基礎の基礎ですから、必ずマスターしておきましょう。

　　※もちろん、間接疑問文の場合は、 疑問詞 it is that 〜 という語順になります（例：I wonder what it is that you want.［君は一体全体何を望んでいるのだろうか］）。

＜和訳＞

(1) 君がそのミスについてどう感じているかはわかるが、それは大した問題ではない。

(2) ジョンは最初の試合に間にあわないだろうから、私たちは 10 人の選手でなんとかしなければならない。

(3) 彼の表向きの立場は変わらなかったが、実際にはわれわれの意思決定のプロセスに昔ほど関わっていない。

(4) 彼女は電話にでることができない。ちょうど仕事の真っ最中なのだ。

(5) 君の言っていることは意味がわからないよ。一体全体何をしてほしいんだい？

《実践問題４》

次の英文の (ア), (イ), (ウ) の括弧内の語を並べ替えて、文脈上意味が通るように文を完成させ、2番目と5番目にくる語の記号を<u>マークシートにマークせよ</u>。(ア) は (21) と (22) に、(イ) は (23) と (24) に、(ウ) は (25) と (26) に、順にマークせよ。ただし、それぞれ不要な語が1語ずつ混じっている。

Biologist Christina Riehl is studying the odd cooperative breeding behaviors of certain tropical birds called "anis." Groups of anis raise their young together in a single nest, every adult sharing in the work. Remarkably, however, the birds in these groups aren't necessarily blood relatives.

For half a century, the study of animal cooperation has been largely dominated by the theory of "kin selection": animals help each other only if they stand to gain something — if not for themselves, then for their kin (family and relatives). This ensures that they always pass along some of their genetic material to the next generation. But (ア) [a) comes, b) has, c) it, d) raising, e) their, f) to, g) when, h) young], anis behave in ways that cannot be explained by kin selection alone.

Riehl has learned that, although anis work together cooperatively, some work much harder than others. In every group, one male (イ) [a) all, b) ends, c) much, d) labor, e) performing, f) the, g) tiring, h) up] of sitting on the eggs in the nest. While other group members sleep, the bird on the night shift performs extra work for no apparent additional gain in the fitness or survival of his own young — again, breaking the rules of kin selection.

The anis aren't totally unselfish. Although females cooperate in tending the nest, they simultaneously improve their young's chances for survival by pushing other females' eggs out of it. Here, too, their behavior is odd: of ten thousand species of birds in the world, only a half-dozen engage in this wasteful practice of destroying eggs — strengthening Riehl's assertion that "this is one of (ウ) [a) except, b) existence, c) for, d) in, e) interesting, f) most, g) species, h) the] animal social behavior."

2015 年度

▶東大英文法対策

<解答>
(ア) c), d)
But [when it comes to raising their young], anis behave in ways that cannot be explained by kin selection alone.
不要語　b) has

(イ) h), f)
In every group, one male [ends up performing all the tiring labor] of sitting on the eggs in the nest.
不要語　c) much

(ウ) f), d)
"this is one of [the most interesting species in existence for] animal social behavior."
不要語　a) except

<なぜこの問題が重要か？>
　（ア）と（イ）はかなり簡単なので、東大合格のためには必ず正解したいところです。（ウ）に関しては、知識では解けないので、考え抜いてなんとか正解に辿り着く問題です。この（ウ）のような問題を解けるようになると、東大の文法問題対策が完成に近づいているという指標になります。

<解説>
(ア)
　括弧直後に SV ... がきているので、選択肢 when を接続詞と考え、When sv, SV. という形になると予想します。
　when に注目すると同時に **when it comes to –ing（〜の話になると）** という熟語を考えれば、when it comes to raising their young（ヒナ鳥を育てることになると）となります。不要語は、b) has です。
　※ちなみに、raise their young という表現は第 1 段落にも出てきます。

(イ)
　括弧直前の one male を S と考えれば、これに対応する V は ends しかありま

25

▶ Chapter 1

せん（labor も動詞で「働く」という意味がありますが、3 単現の s がありませんね）。ends に注目すると同時に end up –ing（[結局]〜する）という熟語を考え、ends up performing にします。残りの選択肢で performing の目的語を考え、all the tiring labor にします。正しい英文は、ends up performing all the tiring labor です。

　不要語は、c) much ですが、much を使うなら、much of the tiring labor のように、of が必要になります。また、much tiring の組み合わせはありえません。much は過去分詞は修飾できますが、現在分詞は修飾できません（現在分詞を修飾するのは very です）。

【補足】very と much が修飾するもの
　very と much が修飾するものは異なります。以下の表にまとめました。

▼ very vs. much

	very	much
ざっくりの特徴	語句を修飾するイメージ（単語をありのまま[たとえば形容詞・副詞の原級]／ピンポイントで修飾するイメージ）	述語要素を修飾するイメージ（very よりは長いもの／変化したもの[たとえば比較級・最上級]を修飾するイメージ）
修飾する基本品詞	形容詞・副詞 例 very happy 　　very easily	動詞 例 Thank you very much. ※形容詞の原級でも、a- で始まる形容詞（afraid など）は修飾できる ※疑問文・否定文では単独で使える／肯定文では very much の形になる
分詞の場合	現在分詞 例 very astonishing ※過去分詞でも形容詞とみなされているもの（surprised など）は修飾できる	過去分詞 例 much experienced

26

	原　級	比較級・最上級
比較の場合	例 very easy ※形容詞の最上級は修飾できる （the very best など）	例 much easier 　　much the best ※比較の意味が含まれる形容詞 　（preferable など）は修飾できる
その他	the very 名詞 「まさにその〜」 例 the very book	the same ／ too ／前置詞句／ as 節など 例 much in the same way

(ウ)

　直前の one of と、選択肢の most から、"one of the 最上級 複数形" と予想し、one of the most interesting species にします。

　最上級のあとには「範囲を限定する」表現が必要です。選択肢で残った except, existence, for, in の中から適切な表現を作ります。まず、最上級の範囲は、in か of で表わすのが普通ですね。ここでは in を使って in existence（[現在]存在している形では、現存する中で）と予想します。

　最後に残ったのは、except と for です。括弧直後の animal social behavior に続くのはどちらでしょうか。except animal social behavior では「動物の社会的行動を除いて」という意味になり、明らかに文脈に合わないので、消去法でfor を使います。for animal social behavior で「動物の社会的行動に関して」という意味になります。

　※この for は「関連」を表わし、for my part（私に関しては）などの熟語があります。

　正しい英文は、the most interesting species in existence for になります。不要語は、a) except です。

東大思考！

　この問題で、「in existence は熟語です。『現存する中で』という意味です」と解説するのは、教える立場からは簡単なことです。しかし東大受験者といえども、この熟語を知らない人のほうが圧倒的に多いはずですから、知らない前提で解説するのが本書の役目でもあります。

　おそらく東大が求めているのは、熟語の知識より、解説で示した**「最上級のあとには範囲を限定する表現があるはず」**という思考の流れだと思います。

▶ Chapter 1

【補足】

　（ウ）を含む文にも"this 名詞"（this wasteful practice of destroying eggs）が出てきますね。直前の文の内容（pushing other females' eggs out of it）をまとめているわけです。この this wasteful practice of destroying eggs を見て、「あ、前の文の内容を筆者は wasteful practice（無駄な習慣）ととらえているわけだ」と整理しながら読むと、より理解が深まります。

<和訳>

　生物学者のクリスティーナ・リールは、熱帯に生息する「アニス」という鳥の奇妙な共同的繁殖行動を研究している。アニスの群れは1つの巣で共同でヒナを育て、親鳥みんなで作業を分担する。しかし、意外にも、このような群れに属する鳥たちは必ずしも血縁関係にあるわけではない。

　半世紀にわたり、動物の共同作業についての研究は主に「血縁選択」説が覇権を握ってきた。これは、動物は自分が何かを得られる場合──あるいは自分自身でなくとも、血縁関係にある動物（家族や親族）にとって得になる場合──にのみ助け合うという説である。そうすれば、自分の遺伝物質のうちいくらかは、つねに確実に次の世代に伝えられる。しかし、ヒナを育てるということになると、アニスは血縁選択だけでは説明がつかない行動をする。

　リールは、アニスは協力して共同作業を行なうが、その中でもほかの鳥よりずっと熱心に作業を行なう鳥がいることを知った。どの群れにおいても、1羽のオスが、巣の卵の上に座っているという大変な仕事をするはめになる。夜間に作業を担当する鳥は、同じ群れのほかの鳥たちが眠っているあいだも自分だけ作業をするが、それをしたからといって自分のヒナの健康や生存に関して明らかに得になるようなことは何もない。これもまた、血縁選択の原則に従っていない。

　アニスは完全に公平無私というわけではない。メスたちは協力して巣の手入れを行なうが、同時に自分が産んだもの以外の卵を巣から押し出して自分のヒナが生き残る可能性を高めるのだ。ここでもまた、彼らの行動は奇妙だ。世界中に1万種ある鳥のうち、卵を破壊するという無意味な行為を行なうのは6種だけだ。このことにより、「この鳥は、動物の社会的行動に関して、現存する種の中でもっとも興味深いものの1つだ」というリールの主張がより強固なものとなっている。

CHAPTER 2

東大和訳対策

　最近の大学入試では和訳問題は減少しつつあります。和訳問題を出題するのがまるで古臭いかのような風潮さえあります。しかし、つねに日本の大学入試の最先端に位置しようとする東大の入試では、和訳問題が出題され続けています。

　では、その意図は何か、そして東大の和訳問題ではどんな力が求められているのか、詳しく分析し、解説していきます。

Chapter 2

▶東大和訳の核心

出題分析

■ なぜ和訳問題が出るのか？

　ほかの大学では和訳問題が減りつつありますが、英文の構造や意味をしっかりと理解し、それを日本語で表現するには、さまざまな能力が必要とされます。曖昧な日本語でごまかすことは許されず、**日本語と英語の構造の違いを明確に意識するきっかけ**にもなります。

　また、和訳ができないようでは、英作文もできるようになりません。英作文には与えられた日本語を吟味する作業が必要だからです。

　東大が和訳問題を出すのは、「いたって当然のこと」といえるのではないでしょうか。

■ 下線部以外にヒントがある

　昔の東大の問題では、短い文をいくつか和訳する形式も見られましたが、最近は1つの文章の中で3箇所ほど下線が引かれた文を和訳する形式がすっかり定着しました。

　文章の中で一部の英文に下線が引かれているということは、そこに**「前後の英文も考慮しないと正確に和訳できない」という東大の意図**があります。下線部だけでなく、下線が引かれていない箇所にもヒントがあるという姿勢で読んでください。

■ 東大らしい特徴は？

　普通、下線部和訳問題では、「正確に構文が取れる」「文脈に合った適切な日本語に置き換えられる」ことが基本です。東大の場合、これは最低条件にすぎず、さらに「知らない表現（熟語など）をうまく処理できるか？」「きわめて自然な日本語（日本語として完成している答案）にできるか？」「文章の中でその英文がどういう役割をはたしているのかを日本語で表現できるか？」が要求されます。

▶東大和訳対策

■ 東大合格に必要な発想は？

「木を見て森を見ず」というたとえは、長文を読む際の注意点として頻繁に引用されます。また、一般的な和訳問題は「木を見て木を見る」ことができれば、つまりその英文の構造がわかり、辞書にある訳語を当てはめればできてしまうことがよくあります。

しかし、東大の和訳問題ではこの両方の視点、**「木も森も両方見る。しかもそれぞれをできるかぎり注意深く見る」ことが必要**とされます。

※ちなみにこの発想は、要約問題・文補充問題でも必要とされます（60ページ参照）。

すなわち、東大入試では、各表現が構文や意味をしっかり考える（「木」をじっくり分析する）ことと、それが前後の文脈、場合によっては文章全体の中でどういう役割をはたしているのか判断する（「森」を分析する）ことが要求されるということです。

特に「森を見る」という視点は近年東大の和訳問題で重要度が増していますが、多くの東大受験生が気づいていないようです。2015年度の問題を使って解説しますので、詳しくはそちらを参照してください（実践問題3）。

解法研究

■ まずは英文の構造をつかむ

まずは、文法・構文の知識をフル活用して、英文の構造を読み解いていきます。東大といえども、これだけで合格ラインを超える問題もあります。東大に合格するには、苦手な文法事項があってはだめで、すべての文法事項に精通していないといけませんが、特に助動詞・仮定法・比較が問われる問題が頻出しますので、完璧にマスターしておきましょう。

■ 文章全体の中での役割を考える

「下線部は、一般論を述べているのか、何か具体例を挙げているのか、それとも筆者が意見を主張しているのか、あるいは回想しているのか」といったことを考えてみることで、ヒントが得られることも最近はよくあります。

下線部以外の英文はどうしても「流して」読んでしまいがちですが、東大の

入試問題ではそれ以外の部分も確実に読み解かないと正解が得られません。

■ 自然な日本語にする
「直訳すると不自然になる表現」には、文脈に合った適切な日本語表現が求められます。「無難な直訳調で大丈夫だ」と思っている受験生も少なくないようですが、ぎこちない訳し方は誰でもできるのであって、中途半端な答案では、東大の合格点は取れません。「きわめて自然な日本語」をめざしてください。

▶東大和訳対策

《実践問題 1》

次の英文の下線部 (1)、(2) を和訳せよ。

It has been a quiet week in Lake Wobegon. Florian and Myrtle Krebsbach left for Minneapolis on Tuesday, a long haul for them. They're no spring chickens, and it was cold and raining, and he hates to drive anyway. His eyesight is poor and his '66 Chev only has 47,000 miles on her, just like new, and he's proud of how well he has cared for it. Myrtle had to go down for a checkup. She doesn't go to Dr. DeHaven or the doctors in Saint Cloud, because she's had checkups from them recently and they say she is just fine. So she doesn't trust them. She is pretty sure she might have cancer. She reads "Questions and Answers on Cancer" in the paper and has seen symptoms there that sound familiar, so when she found a lump on the back of her head last week and noticed blood on her toothbrush, she called a clinic in Minneapolis, made an appointment, and off they went. He put on his good carcoat and a clean Pioneer Seed Corn cap, Myrtle wore a red dress so she would be safe in Minneapolis traffic. He got on Interstate 94 in Avon and headed south at forty miles an hour, hugging the right side, her clutching her purse, peering out of her thick glasses, semis blasting past them, both of them upset and scared, her about brain tumors, him about semis. Normally she narrates a car trip, reading billboards, pointing out interesting sights, but not now. When they got beyond the range of the *Rise 'N Shine* show, just as Bea and Bob were coming to the "Swap 'N Shop" feature, a show they've heard every morning for thirty years, they felt awful, and Florian said, (1) "If it was up to me, I'd just as soon turn around and go home."

It was the wrong thing to say, with her in the mood she was in, (2)and

▶ Chapter 2

<u>she was expecting him to say it and had worked up a speech in her mind in case he did</u>. "Well, of course. I'm sure you would rather turn around. You don't care. You don't care one tiny bit, and you never have, so I'm not surprised that you don't now. You don't care if I live or die."

Garisson Keillor, "Truckstop"

▶東大和訳対策

<解答例>
(1)(2) とも和訳の下線部参照。

<なぜこの問題が重要か？>
　知らない表現（would just as soon ～）が出てきたとき、どのように考えればいいかを学ぶ絶好の問題です。さらに、重要熟語の be up to ～、第5問で出る「物語文」に関する基本事項など、重要なポイントが詰まった問題です。

<解説>
(1)
● be up to ～ のさまざまな意味
　ここでは「知っていなければならない熟語」と「知っているはずがない熟語」の処理がポイントです。まず「知っていなければならない熟語」は、英文前半の be up to ～（～次第である）です。If it was up to me は「もしそのことが僕次第なら」が直訳で、「もし僕の好きにしていいなら」くらいに訳せば OK です。
　ちなみに、「本当に『僕次第』であるか、すなわち『僕が決めていいか』は問題にしていない」ので、仮定法が使われています（If it was up to me, I'd ～）。

> **英語の核心！**
>
> 　be up to ～ は入試によく出るのですが、up to にはたくさんの意味があり、受験生を苦しめています。しかし、すべての意味は核となる**「～に到達する」**から派生しています。

▼ up to ～ の意味 ── 核となるイメージは「～に到達する」

> ① ～まで　count up to one hundred（100 まで数える）
> ② ～に並んで、匹敵して
> 　Your latest CD isn't up to your usual standard.
> 　（君の最新 CD は、君のいつものレベルに達していない）
> ③ （仕事を）することができて
> 　Would our memory be up to the task?
> 　（われわれの記憶力でそんなことができるのだろうか）

▶ Chapter 2

> ④ 〜次第で
>   It's up to you.（それは君次第だ）
> ⑤ 〜をたくらんで
>   He is up to something.（彼は何かをたくらんでいる）

　to だけで「〜まで」という意味がありますが、「到達」の意味をよりハッキリ出すために up を付けて、up to の形になりました。
　①「〜まで」は文字どおり「到達」の意味ですね。②「〜に並んで、匹敵して」も「レベルが到達している」ということです。さらに「仕事の能力が到達する」と、③「(仕事を)することができて」となります。
　また、「決定権が〜に到達する」から、④「〜次第で」となり、この問題ではこの知識が問われたわけです。It's up to you.（君次第だよ）は日常会話でも多用されます。
　さらに、「何かに意識が到達する」から、⑤「〜をたくらんで」という意味になります。

● would just as soon 〜 を丸暗記しないで解釈する
　次に、「知っているはずがない熟語」についてです。would (just) as soon 〜 は「むしろ〜したい」という意味の熟語で、主節 I'd just as soon turn around and go home. は「僕は引き返して、家に帰りたい」となります。
　would (just) as soon 〜 という熟語は、知らないのが普通でしょう。「この熟語も覚えておこう」という受験生は指導者としてはありがたいですが、なかなか大変かもしれないので、これを丸暗記せずに解釈することはできないでしょうか？

英語の核心！

> 　as soon の形に違和感はありませんか。as soon では何かが足りないと。
> 　本来の形は as 〜 as ... で、この形を予想してほしいところです。というのも、as 〜 as ... の後半の as ... はよく省略されるからです。may as well 〜 （どちらかと言うと、〜したほうがいい）のように、熟語になっているものもあります。may as well 〜 は、本来 may as well 〜 as not ... という形と考えられます。例を挙げてみましょう。

▶東大和訳対策

You may **as** well ignore his e-mail {**as** not ignore his e-mail}.
（彼のメール、無視してもいいんじゃないかな）

　本来の直訳は「メールを無視しないのと同じくらい、無視するのも十分に（well）よろしい」で、そこから「無視してもいい」となるのです。つまり、この熟語は「まあどっちでもいいんだけど、強いて言えば」というニュアンスがあります。
※ may as well ～とほぼ同じ意味で might as well ～という熟語も有名ですね。149 ページの英文の 11 行目にも出てきます。

● as not を補って考えてみる
　同様に、この問題の英文も、以下のように as not を補ってみましょう。

I'd just **as** soon turn around and go home {**as** not}.

　そうすると、「引き返して家に帰るということがないのと同じくらい、すぐに（soon）引き返して家に帰るつもりだ」→「むしろ引き返して家に帰りたい」と予想できるわけです。
　そしてこの予想は、(2) の直後の文 Well, of course. I'm sure you would rather turn around. を見たときに確信に変わります。ハッキリと would rather turn around（引き返したい）と言っていますね。
※ちなみに、would just as soon は、この問題の数年後にも出題されています。また、would rather に関しては、何回出題されたかわからないほど、東大入試の超頻出事項です。

【解答例】「もし僕の好きにしていいんだったら、今すぐ引き返して家に帰りたいなあ」

(2)
● 物語文の特徴
　(2) では、過去完了の had worked up が使われています。言うまでもなく、過去完了は「過去のある 1 点までの継続・完了・結果・経験」を表わします。

▶ Chapter 2

英語の核心！

　物語文では「過去形」が使われる（物語の視点が過去に置かれる）ことがよくあります。その場合、「過去形」が基準となるので、その基準よりも前に起きたこと（その物語の基準となる時より過去の出来事）には、「過去完了」が使われるのです。

▼物語の世界

基準となる位置よりも過去の出来事は過去完了で表わされる

登場人物

読者

過去から見た過去
had + 過去分詞

過去
（基準）

現在

　つまり、過去完了形には**「物語文で『過去のこと』を表わす」**という用法があるということです。
※この用法は物語の読解で重要なので、102, 103 ページでも詳しく説明します。

　(2) の英文の had worked up は「（その時までに）すでに用意していた」と考えれば OK です。
　work up a speech は「セリフ・話す内容を考える」ということです。間違っても speech は「演説、話す能力、話し方」ではありません。a speech は「具体的に 1 つの話す内容」というニュアンスになります。
　in case は接続詞で、「～の場合に備えて」の意味です。he did は、him to say it を指していますので、he did = he said it (= Florian said, "If it was up to me, I'd just as soon turn around and go home.") になります。

▶東大和訳対策

【解答例】だが彼女はフロリアンがそう言うことは予測済みで、その場合にどう切り返すかも頭の中で考えてあった。

<和訳>
　ここ1週間、レイク・ウォビゴンの町は静かだった。ある火曜日、フロリアン・クレープスバッハとマートル・クレープスバッハ夫妻はミネアポリスに向かってその地を出発した。彼らにとってはかなりの遠出だった。2人はもう若くないし、その日は寒く、雨も降っていた。そしてフロリアンはとにかく運転するのが嫌だった。視力も悪いし、66年型のシボレーはまだ4万7000マイル（約7万5000キロ）しか走っておらず、新品同様で、今までとても大事に扱ってきたことが自慢だ。ミネアポリスまで行かなければならない理由は、マートルの健康診断だった。デヘイヴン医師や他のセント・クラウドの医者のところには行かない。最近すでに検診を受けて、まったく問題なしと言われているからだ。つまり、マートルは彼らの診断を信用していない。自分は癌にかかっているはずだと考えているのだ。マートルは新聞で『癌に関するQ&A』という記事を読んでおり、そこには心当たりのある症状がある。そのため、先週後頭部のこぶに気づき、さらに歯ブラシに血がついているのを見つけた彼女は、ミネアポリスの病院に電話をして診察の予約を取った。そうして2人はそこへ向かうことになった。フロリアンは上質のカーコートを着て、汚れのないパイオニア・シード・コーンのキャップをかぶり、マートルはミネアポリスの街にもなじむように赤いワンピースを着ていた。車はエイボンで州間道路94号線に乗り、右側車線を時速40マイル（約65キロ）で走り、南に向かった。マートルはハンドバッグをしっかりとつかみ、分厚い眼鏡越しに外を覗いた。大型トレーラーが何台かうなりをあげて追い越していく。夫婦はともに不安と恐怖を感じていた。妻は脳腫瘍に、夫は大型トレーラーに対して。普段のマートルなら、自動車旅行について語りつつ、広告看板を読み上げたり、面白い景色を指差したりするが、今はそれどころではない。ラジオでは『ライズンシャイン』が終わり、夫婦が30年間毎朝聞いている『スワップンショップ』が始まって、ビーとボブが商品の紹介に入ると、2人は嫌な気分になり、フロリアンが言った。
　(1)「もし僕の好きにしていいんだったら、今すぐ引き返して家に帰りたいなあ」
　マートルの心境を考えれば、その発言はまずかった。(2)だが彼女はフロリアンがそう言うことは予測済みで、その場合にどう切り返すかも頭の中で考えてあった。「ええ、そりゃあなたは帰りたいでしょうよ。あなたにとってはどう

▶ Chapter 2

でもいいものね。本当にどうでもいいんでしょう。今までだってずっとそうだったんだから、今もそうでも驚かないわ。あなたは私が生きようが死のうがかまわないんでしょう」

<語句>
☐ haul （運搬）距離　☐ spring chicken　若者・小娘（普通は否定文で使われる）
☐ checkup　健康診断　☐ carcoat　カーコート（運転者用の七分丈のコート）
☐ interstate　州間高速道路　☐ semi セミトレーラー（semitrailer）　☐ blast けたたましい音を出す・突き進む　☐ brain tumor　脳腫瘍　☐ awful　嫌な

<注記>
　ここでは1996年度東大入試に出された問題を再編の上、掲載しています。実際の入試問題は、ここに示したアメリカの作家 Garisson Keillor（1942- ）の短篇 "Truckstop" の引用箇所を書き換えた形で出題されています。本書刊行にあたり、著者に連絡を取ったところ、オリジナルどおりの掲載を求められましたので、それに従いました。設問は実際の出題どおりにしておりますので、読者のみなさんには問題なく対策にご活用いただけます。

《実践問題２》

次の英文の下線部 (1) と (2) を和訳せよ。ただし、(1) については their current ones の内容がわかるように訳せ。また下線部 (3) について、そこで使われているたとえは具体的に何を言おうとしているのか、その内容をわかりやすく 30 〜 40 字で説明せよ。句読点も字数に含める。

A general limitation of the human mind is its imperfect ability to reconstruct past states of knowledge, or beliefs that have changed. Once you adopt a new view of the world (or of any part of it), you immediately lose much of your ability to recall what you used to believe before your mind changed.

Many psychologists have studied what happens when people change their minds. Choosing a topic on which minds are not completely made up — say, the death penalty — the experimenter carefully measures people's attitudes. Next, the participants see or hear a persuasive pro or con message. Then the experimenter measures people's attitudes again; they usually are closer to the persuasive message they were exposed to. Finally, the participants report the opinion they held beforehand. This task turns out to be surprisingly difficult. (1)<u>Asked to reconstruct their former beliefs, people retrieve their current ones instead</u> — an instance of substitution — and many cannot believe that they ever felt differently.

(2)<u>Your inability to reconstruct past beliefs will inevitably cause you to underestimate the extent to which you were surprised by past events.</u>

(...) We are prone to blame decision makers for good decisions that worked out badly and to give them too little credit for successful moves that appear obvious only after the fact. There is a clear *outcome bias*. When the outcomes are bad, the clients often blame their agents for not seeing the handwriting on the wall — forgetting that (3)it was written in invisible ink that became legible only afterward.

2013 年度

＜解答例＞
(1) 和訳の下線部参照。

(2) 和訳の下線部参照。

(3) 悪い結果は事後に明らかになるのであり、決定段階でその兆候はわからないということ。(40字)

＜なぜこの問題が重要か？＞
　東大をめざす受験生は、なまじ理解力が高いがために、説明問題になると言葉をはしょってしまうことがありますので、「きちんと丁寧に答案を作る」というテーマの問題をやってみます。

　この問題では、和訳問題の中で、説明問題も出題されました。比較的最近（2013年度）の問題なので、今後もこのような出題が考えられるため採用しました。

＜解説＞
(1)
● 分詞構文は文脈に即して訳す
　文頭の Asked は分詞構文です。主節との関係から、「求められると」といった意味になると考えればいいでしょう。

● current に注目する
　「their current ones の内容がわかるように訳せ」が問題の指示です。普通は「ones が何を指すか」ばかり意識してしまいますが、実はポイントは current（現在の）です。**「現在の ones」と言うからには、「過去の ones」があるはず**で、「過去⇔現在」の対比に気づけば、以下の3箇所の下線部がポイントだとわかります。

> Asked to reconstruct their <u>former</u> beliefs, people retrieve their <u>current</u> ones <u>instead</u>.

　their former beliefs から、their current ones = their current beliefs だとわかります。普通は「ones は beliefs のことね」と、ポイントを掴んだ気になって

▶ Chapter 2

しまうのですが、これで安心してはいけません。東大受験生であれば、これぐらいすぐに気づくでしょう。

　ここで差がつくのは「丁寧な答案づくり」です。their current ones を単に「彼らの現在の考え」というように訳すだけでは、少し物足りません。

　「現在の」と言うからには、「前とは違う」ことも含意します。そこで their current one を「説得力のある意見に影響を受けて変化した今の考え」と解釈してください。

　※実際にここまで丁寧に書くかどうかはあとで判断するとして、「できるだけ丁寧に対比を示す」というのは東大に限らず、どの大学の入試問題でも要求されます。

　さらにここから、their former beliefs も「他者に影響される前の、元々持っていた考え」となります。

　また、instead も単に「その代わり」ではなく、「以前に信じていたことを発言する代わりに」と解釈すれば完璧です。

　ただ、この内容まで盛り込むとかなりクドい答案になるので、そうするかどうかは任意ですが、問題文に指示されている their current ones の部分だけは丁寧に答案に書きましょう。

　解答例では、their current ones は当然ですが、instead も丁寧に訳し、their former beliefs だけはそのまま直訳しました。

　このように、なんとなく文脈から考えるのではなく、英語から（この場合は current という単語から）思考の糸口を掴んでください。

　ちなみに retrieve は本来、「取り戻す」という意味です（「ゴールデンレトリーバー」[golden retriever] は、「ハンターが撃ち落とした獲物を持ってくる犬」です）。それを踏まえてここでは「考えを思い出す（ように述べる）」くらいに考えればいいでしょう。

【解答例】元々の考えを再び述べるように求められると、被験者たちは、その考えではなく、説得力のある意見に影響を受けて変化した現在の自分の考えを述べるのである。

(2)
● 構文の確認
　S cause 人 to ~ という形です。決して「S が 人 に~するのを引き起こす」と直訳しないで、「S によって、人 は~する」ぐらいに訳してください。

● 名詞構文は動詞っぽく訳す
　主語の Your inability to reconstruct past beliefs は、いわゆる「名詞構文（動詞を『名詞化』した表現が中心となる構文）」なので、名詞 inability を「動詞っぽく」訳して、「以前の考えを再構築**できないこと**」とします。こうすることで自然な日本語になります。

● you は「あなた」ではない
　この英文の you, your は「あなた」という意味ではありません。心理実験について語られているのに、急に読み手の話になるのは変ですよね。**you には「(あなたも私も) みんな」**という意味があり、超重要語です。辞書には「総称」などの語義定義があてられていますので、必ずチェックをしておいてください。

　　例：**You never know.**（誰にもわからないよ）

　ここでは you, your は「訳出しない」ほうが、自然な日本語になります。

● underestimate をどう訳すか？
　underestimate を辞書にあるように「過小評価する」と訳すのでは不自然な日本語になりますね。この英文では、「実際の姿・価値よりも under に、estimate してしまう」ということですから、「正確にわかっていない、きちんと把握していない」と考えます。特に主語の inability を考慮して、underestimate を **「きちんと把握できていない」** と訳すと、すごく自然な日本語になります。

▼訳出のイメージ

Your inability ~	will inevitably cause	you to underestimate ~
「~できない」	ということは必然的に	「~できない」

▶ Chapter 2

● the extent to which 〜 をどう訳すか？
　和訳のコツとして、**「疑問詞に変換する」**というテクニックがあります。たとえば、time を「時間」と訳すのではなくて、疑問詞で「いつ（when）」と訳し、reason を「理由」と訳すのではなく、「なぜ（why）」と訳すことで自然な日本語になります。
　簡単な英文ではこのテクニックはさほど役立たないのですが、難しい英文になるほど（直訳では堅い表現になってしまうときほど）威力を発揮します。その真骨頂とも言えるのが、この the extent to which 〜 です。これを「〜の程度」とするのではなく、**「どれくらい（how much）〜」と変換すればいい**のです。
the extent to which you were surprised by past events は**「どれくらい過去の出来事に驚かされたのか」**とします。

【解答例】元々の考えを再現できないということはすなわち、過去の出来事にどれくらい驚かされたのかをきちんと把握できていないということになるだろう。

(3)
　これは和訳問題ではなく、説明問題ですので、比喩をそのまま訳した答案では点数はもらえませんから注意してください。

● it が何を指すか？
　it は、「単数名詞」で、さらに、（後続する）英文の意味から「見えないインクで書かれたもの」だとわかります。
　それを踏まえると、その意味を示す単数名詞は、not seeing the handwriting on the wall の the handwriting しかありませんね。
　the handwriting on the wall は「不吉な前兆」という意味の熟語ですが、知っている人はほとんどいないでしょう。当然ながらこの表現は比喩と予想できるでしょうから、直訳の「壁に書かれた手書き」とは、「何かの印」→「兆候」と考え、答案には「悪い結果の兆候」と丁寧に書きましょう。

● was written in invisible ink をどう訳すか？
　「判読できないインクで書かれていた」とは、「結果がよい方向に出るか、悪い方向に出るかは見えない（わからない）」ということです。

▶東大和訳対策

同じ段落の（(3) の少し前にある部分）、good decisions that worked out badly（よい決断だが、あとで悪い結果になるもの）や、successful moves that appear obvious only after the fact（うまくいく動きだが、事実が確定して初めてそれが明らかになるもの）をまとめたものです。

● that became legible only afterward をどう訳すか？
　only afterward は「あとになって初めて」、became legible は「判読できるようになった」→「明らかになった」ということです。この legible は、すぐ前にある visible と対を成しているわけです。

● まとめ
　以上から、ザッと解答を書くと、以下のようになります。

<ラフ答案>
悪い結果の兆候は、事実が確定してから明らかになるのであって、決定を下す段階ではわからない、ということ。(51字)

　ここから字数を 40 字以内に減らしていきます。
　最初の「悪い結果の兆候」と、最後の「決定を下す段階ではわからない」は、it was written in invisible ink という比喩を説明したいちばん大事なところですから、字数を削るのは避けたいですね。
　そうなると、その間にある「事実が確定してから明らかになるのであって」を思い切ってカットするか、もしくは字数に余裕がある範囲で簡略化すればいいでしょう。

<解答例>
悪い結果は事後に明らかになるのであり、決定段階でその兆候はわからないということ。(40字)

<和訳>
　人間の頭脳の一般的な限界は、変化してしまった知識や信念の過去の状態を再現する能力が不完全であることだ。世界（またはその一部）に関していったん新しい見方をすると、途端に考えが変わる以前に自分がどう思っていたのか

▶ Chapter 2

をほとんど思い出せなくなってしまう。

　多くの心理学者が、人間が考えを変える時に何が起こるか研究してきた。実験者は、意見がはっきりかたまっていないテーマ——たとえば死刑について——を選んで、人々の考え方を入念に判断する。次に、被験者はそのテーマに賛成、または反対の、説得力のあるメッセージを見るか聞くかする。それから実験者は再び人々の考え方を判断するが、この時たいてい彼らの考え方は、先ほど見聞きした説得力のあるメッセージにより近くなっている。最後に被験者は、自分が最初に持っていた意見を報告するのだが、この作業が驚くほど難しいことが判明する。(1)元々の考えを再び述べるように求められると、被験者たちは、その考えを述べるのではなく、説得力のある意見に影響を受けて変化した現在の自分の考えを述べるのである。これは置き換えの事例である。多くの被験者は、自分が違った考えを持っていたことすら信じられない。
(2)元々の考えを再現できないということはすなわち、過去の出来事にどれくらい驚かされたのかをきちんと把握できていないということになるだろう。
（…）意思決定者についてはわれわれはよい決断がうまくいかなかった場合は非難し、事後に初めて成功につながったと明らかになる行動を取ってもその功績をほとんど認めない傾向がある。明らかに結果による偏見が存在する。結果が悪ければ顧客はその不吉な前兆を見なかったと代理人を責め、(3)その予兆は事後に初めて見えるようになったということを忘れているのだ。

<語句>
□ measure　判断する　□ pro　賛成　□ con　反対　□ expose　さらす
□ beforehand　あらかじめ　□ underestimate　低く見積もる　□ be prone to ～　～する傾向がある

<注記>
　ここでは 2013 年度東大入試に出された問題を再編の上、掲載しています。実際の入試問題は、ここに示した Daniel Kahneman の著作 *Thinking, Fast and Slow* からの引用箇所を書き換えた形で出題されています。本書刊行にあたり、著者に連絡を取ったところ、オリジナルどおりの掲載を求められましたので、それに従いました。設問は実際の出題どおりにしておりますので、読者のみなさんには問題なく対策にご活用いただけます。

《実践問題３》

▶東大和訳対策

> ナバホ語 (Navajo) に関する次の英文を読み，下線部 (ア)，(イ)，(ウ) を和訳せよ。

　Eugene Crawford is a Navajo, a Native American; he cannot forget the day he and his friends were recruited for the United States military. Upon arrival at Camp Elliott, they were led to a classroom, which reminded him of the ones he had entered in boarding schools as a child. Those memories were far from pleasant. (ア)He could almost taste the harsh brown soap the teachers had forced him to use to wash his mouth out when he was caught speaking Navajo. His thoughts were interrupted when the door suddenly opened and an officer entered. The new recruits stood to attention. "At ease, gentlemen. Please be seated."

　The first hour they spent in that building changed their lives forever, and the shock of what occurred is still felt by them to this day. They could never have imagined the project the military had recruited them for. Some of them believed that, had they known beforehand, they might not have joined up so eagerly. Navajo had been chosen as a code for secret messages because unless you were a Navajo, you'd never understand a word of it. Navajo is a complex language and a slight change in pronunciation can completely change the meaning of a message. The government's decision was wise — it turned out to be the only code the enemy never managed to break— but for the young Navajo soldiers, it was a nightmare. (イ)At no time under any circumstances were they to leave the building without permission or alone. They were forbidden to tell anyone about the project, even their families, until it was finally made public in 1968.

▶ Chapter 2

　　Many of these men had been punished, sometimes brutally, for speaking Navajo in classrooms similar to this, classrooms in schools run by the same government. (ウ)Now this government that had punished them in the past for speaking their own language was asking them to use it to help win the war. White people were stranger than the Navajos had imagined.

2015 年度

▶東大和訳対策

<解答例>
（ア）ナバホ語を話しているところを見つかると先生に無理矢理口を洗うために使わされた、不快な茶色の石鹸の味がしてきそうなほどだった。

（イ）彼らはいついかなる状況においても、許可なしに、あるいは１人だけで建物を出ることは許されなかった。

（ウ）昔は自分たちの言葉を話したことで彼らを罰したこの政府が、なんと今度は戦争に勝つことを支援させるために、彼らにナバホ語を使うように求めていたのである。

<なぜこの問題が重要か？>
　下線部の構文と語彙は易しいですが、だからこそ前後の文脈を最大限に意識することで、より上質な答案を作り上げる練習ができる問題です。多くの東大受験生が「なんとなくできた」と言って満足してしまうと思われますが、どこに注目すべきか、特に(ウ)のNowをどう訳すべきか、ぜひ考えてみてください。

<解説>
（ア）
● could の意味
　構文は特に問題ないので、語句の解説から始めます。
　could を見たら仮定法と考えるのが定石ですが、前後の英文の時制が過去形ですから、ここでは過去形の「できた」の意味になります。

● almost のニュアンス
　could almost taste をどう訳しましたか？
　almost は「あともうちょっと」という感覚で、「一歩届かない」ニュアンスです。たとえば、I almost left my smartphone in the train. なら、「あともうちょっとで電車の中にスマホを忘れそうだった」であって、決して忘れてしまったわけではありません。
　※ちなみに、日常会話では「おしい！」という意味で"Almost!"と言うことがあります。クイズ番組やスポーツ中継でも使われます。

▶ Chapter 2

したがって、could almost taste を「味がした」と訳すと減点です。「〜の味がしそうなほどだった、味がするようだった」のように訳します。

● harsh をどう訳すか？

harsh は難しい単語なので、知らない受験生もいるでしょうし、知っていても「(気候が)厳しい」という意味だけかと思います。ここでは「厳しい」→「きつい (石鹸の味)」と類推してもいいですし、下線部直前の far from pleasant (まったく快適ではなかった) から、「マイナスの意味」と考え、「嫌な、不快な」としても OK です。

※東大の和訳問題では「前後の文脈」が重要な働きをするのでしたね。

ちなみに、soap の直後に関係代名詞が省略されています。use の目的語が欠けていますね。to wash his mouth out は副詞的用法の不定詞（〜するために）です。

```
the harsh brown soap {that} the teachers had forced him to use
  ↑           to wash his mouth out when 〜
  └─────┘
関係代名詞の先行詞になって前へ移動
```

「口を洗うために教師たちが彼に無理矢理使わせた、嫌な茶色の石鹸」となります。

● 知覚動詞としての catch

catch には「知覚動詞」としての用法があります。catch 人 -ing で「人が〜しているのを目撃する」という意味です。「ある現場を目でキャッチする」という感覚ですね。

ここではこれが受動態で使われています。when he was caught speaking Navajo は「彼がナバホ語を話しているところを目撃されたとき」となります。

【解答例】ナバホ語を話しているところを見つかると先生に無理矢理口を洗うために使わされた、不快な茶色の石鹸の味がしてきそうなほどだった。

（イ）
● At no time は「文頭の否定語」扱い
　「文頭に否定語がきたら、主節で倒置が起きる」というのは基本ですね。Never などがよく使われますが、実際には At no time のように、前置詞句が「文頭の否定語」として使われることがよくあります。

> At **no** time under any circumstances <u>were</u> <u>they</u> to leave the ～
> 　　　　　　　　　　　　　　　　　　　　　　　V　　　S

　「どんな状況であれ、いついかなるときも～でない」とします。主節は倒置になっていますが、本来の形である they were to leave と意味は同じです。

● be to 構文の意味
　were they to leave に be to 構文が使われています。みなさんはどう訳しましたか？

英語の核心！

　be to ～ には「予定・意図・義務・可能・運命」の用法があると習ったと思いますが、実際には必ずしも明確な区別があるわけではありません。ネイティブが「これは予定かな、それとも意図かな？」なんて考えているとは思えませんよね。
　本来、to 不定詞は未来志向で、**be to ～ は「これから～することになっている状態だ」**というのが直訳になります。be to ～ を見たらまず「（これから）～することになっている」と考え、必要に応じて訳し分ければいいのです。たとえば、以下の文は、従来は「予定」ですが、それでは be to ～ が持つ豊かな意味を理解できません。

　　They <u>are</u> to be married.

　この文は、「あの２人は結婚することになっている」と考えればいいのです。２人は「結婚する予定」であり、「結婚する意図」があり、「結婚は義務」であり、「結婚が可能」で、もはや「結婚する運命」であるという、複数の

意味を含んでいるのです。

そこで they were to leave の部分は、文頭の否定を加えて「彼らは離れないことになっていた」となります。これで文意は十分に取れますが、東大の和訳は「きわめて自然な日本語にする」のが条件ですから、さらに訳し分けを考えます。

彼らは厳しい環境（軍隊）にいるわけですから、下線最後の without permission or alone（許可なしで、もしくは1人で）からも、「離れることはできなかった／離れてはいけなかった」と判断できます。

ここまでできれば十分なのですが、本書を読んでいるみなさんはさらに上のレベルをめざしましょう。「東大の和訳」ですから、前後の文脈にヒントを求めます。すると、下線直後に、They were forbidden to ～（彼らは～することを禁じられた）という表現が見つかります。ここから「<u>離れることは許されなかった</u>」という判断を確信に変えることができます。

【解答例】彼らはいついかなる状況においても、許可なしに、あるいは1人だけで建物を出ることは許されなかった。

(ウ)
● 構文の確認

> Now this government [that had punished ～] was asking them to
>   S   V
>
> use it to help ～

this government that ～ が長いS（that は関係代名詞）で、was asking がVです。ここでは ask 人 to ～（人 に～するように頼む）の形になっています。最後の to help ～ は副詞的用法の不定詞（～するために）です。

help {to} win the war と、help は直後の to が省略できます。help {to} ～で「～するのに役立つ、～する手助けをする」という意味になります。

that 以下の関係代名詞節は、punish 人 for ～（～を理由に 人 を罰する）という形です。

▶東大和訳対策

● 過去形なのに Now が使われる理由

　この文は関係代名詞で２つの文が１つになったものですが、本来この２つの文は時制が異なります。関係代名詞節は過去完了形（had punished）で、主節は過去形（was asking）です。ここで、物語でよく使われる時制の特徴が使われているわけです。この英文は物語ではありませんが、「過去を基準にしている」という点ではまったく同じです。基準（過去）より昔のことを過去完了にしているのです。

　そこに気づければ、文頭の Now と in the past の対比が見えてきます。（関係代名詞を使う前の）２つの文に分解して確認してみましょう。

> This government <u>had punished</u> them　 in the past 　for speaking their own language.
>
> 　 Now 　this government <u>was asking</u> them to use it to help win the war.

　過去形なのに Now が使われているのは、過去形が英文の基準になっている（視点がそこにある）からです。この Now をどう訳すかですが、「視点がそこにある」感じを再現して「今や」としても OK ですが、**in the past との対比を意識して「今度は」とか「実は今では」**とすれば、東大受験生の中でも光り輝く答案になるでしょう。

　文全体では「過去に〜だったこの政府が、今度は〜を求めていた」という和訳になります。

　「昔はあんなだったくせに、今となってはこうだ」と「手のひらを返す」ニュアンスが込められているのです。そして、下線部直後の文 <u>White people were stranger than the Navajos had imagined.</u> の「白人のわけのわからない感じ、手のひらを返す感じ」を反映して、解答例では Now を「なんと今度は」と表現してみました。

　やはり「東大の下線部和訳は文脈を意識する」ことで、英文の持つニュアンスまでわかるわけです。

【解答例】昔は自分たちの言葉を話したことで彼らを罰したこの政府が、なんと今度は戦争に勝つことを支援させるために、彼らにナバホ語を使

▶ Chapter 2

うように求めていたのである。

＜和訳＞

　ユージーン・クローフォードは、アメリカ先住民のナバホ族である。彼は、自分と友人たちがアメリカの軍隊に採用された日のことを忘れることができない。キャンプ・エリオットに着くやいなや彼らはある教室に連れていかれたが、そこで彼は、子供の頃に足を踏み入れていた寄宿学校の教室を思い出した。その記憶は楽しいものとは程遠かった。(ア)ナバホ語を話しているところを見つかると先生に無理矢理口を洗うために使わされた、不快な茶色の石鹸の味がしてきそうなほどだった。そんな彼の物思いは、教室のドアが突然開き、1人の将校が入ってきたことで途切れた。新参の兵士たちは気をつけの姿勢をとった。
「楽にして。どうぞ、お掛けなさい」
　その建物ですごした最初の1時間で彼らの人生は永遠に変わってしまい、そこで起こったことの衝撃は今日に至るまで彼らの中に残っている。彼らは、何の計画のために自分たちは軍に採用されたのか、想像もできなかっただろう。もし事前に知っていたら、それほど前向きに軍に加わることはなかったかもしれないと考える者もいた。ナバホ語が、秘密文書に使われる暗号として選ばれていたのだ。ナバホ族でなければ一語たりともわからないからというのが理由だった。ナバホ語は複雑な言語で、発音が少し違うだけで文の意味がまったく違ってしまうこともある。政府は賢明な決定を下した。結果として、ナバホ語は、敵軍が決して解読できなかった唯一の暗号となったのだ。しかし、若いナバホ族の兵士たちにとっては悪夢だった。(イ)彼らはいついかなる状況においても、許可なしで、あるいは1人だけで建物を出ることは許されなかった。1968年にやっと公になるまで、たとえ相手が家族でも、その作戦について誰かに話すことは禁じられていた。
　こうした男たちの多くは、ここに似たような教室、それも同じ政府が運営する学校の教室で、ナバホ語を話したという理由で時には残酷なまでに罰を受けていた。(ウ)昔は自分たちの言葉を話したことで彼らを罰したこの政府が、なんと今度は戦争に勝つことを支援させるために、彼らにナバホ語を使うように求めていたのである。白人の考えは、ナバホ人の想像以上に理解しがたいものだった。

56

▶東大和訳対策

<語句>
☐ recruit　新しく採用する　☐ boarding　寄宿　☐ harsh　厳しい・不快な
☐ stand to attention　気をつけの姿勢をとる　☐ slight　ちょっとした
☐ brutally　残酷に

CHAPTER 3

東大長文対策（1）
～要約・文補充～

東大の要約・文補充問題は簡単だといわれます。確かに英文自体は難しくないのですが、それだけに「大体できた」では合格点には届きません。

どういったところで違いが出るのでしょうか？ ほかの東大受験生と差をつけるポイントを明確に示していきます。

▶ Chapter 3

▶東大長文（要約問題・文補充問題）の核心

出題分析

■ 木も森も両方見る

　毎年、第1問に長文問題が2題出ます。1つの大問の中に「要約問題」と「文補充問題」が出題されます。要約という「大きな視点」が求められる問題と、長文中の空所に英文（またはその一部）を補充するという「小さな視点」が求められる問題が同じ大問にあるのは、いかにも東大らしいといえます。

　この大問の意図を私なりに分析すると、ズバリ**「木を見て森も見る」**でしょう。要約問題は、間違っても「全体を大きくとらえれば大丈夫」などという発想では通用しませんし、文補充問題は、「空所の前後だけ読めば解ける」というものではありません。どちらの問題でも、英文を最初から最後まできわめて丁寧に、かつ全体の流れも考慮に入れて読む必要があります。

■ 東大らしい特徴は？

　2000年度頃までは、どの大学でも出すような「要約しやすい」英文が中心でした。ところが、それ以降はどうにも要約しにくい英文の出題が目立つようになり、難易度が上がりました。ほかの大学で出た英文などで要約の練習をするよりも、実際に東大の過去問を何度も繰り返し解くのが有効です。

　また、文補充については東大ならではの特徴は特に感じられません（ちなみに、2015年度の"Decision fatigue"の話は、2013年度に慶応大学でも出たくらいです）。

■ 時間をかけすぎない

　要約問題も文補充問題も、東大受験者であれば、時間をかければかけるほどよい答案、より正確な解答を出すことは可能ですが、これが落とし穴になります。

▶東大長文対策(1) 〜要約・文補充〜

　第1問で出されるだけに、試験本番ではいつも以上に「慎重に」読んでしまい、練習のときよりも時間がかかり、時間配分が狂ってパニックになる…ということがあります。

　普段から自分が解答するスピードを意識して、それを体内時計として自分の中に埋め込んでおく必要があります。試験本番でそれをペースメーカーにして解答していくことをイメージしながら、普段の勉強に取り組んでください。

解法研究

■ 要約問題の解法
(1) 対比を見つける

　要約問題は「書き手の言いたいことを見抜き、それを補強する内容に優先順位をつけ、要求される字数内にまとめる」作業です。

　まずは、「対比事項」を見抜きます。普通は**「一般論と筆者の主張」**という対比が展開されますので、それを見つけることを考えてみてください。

(2) 対比の「重点」を示す

　東大の要約問題は、ただ対比を示すだけではなく、**対比の「重点」がどちらに置かれているかを明示**しないといけません。「Aがあり、その一方でBがあります」という答案ではなく、「Aとは違って、Bがあります。このBは…」のように、重点が置かれているほうを中心に答案をまとめる必要があります。これは東大の要約問題での大きなポイントで、過去に何度も問われている発想です。

(3) 日本語力が求められる

　東大の要約問題には「英語を読む力」と「日本語を書く力」が必要です。「何を当たり前のことを」と言われそうですが、東大の要約問題は毎年、字数が厳しいのです。英文の内容を端的にまとめる日本語力が要求されます。

　基本的に、最初に書いた答案は字数が多くなるのが普通です。字数を削るときに、つい「内容自体を削ってしまう」受験生が多いのですが、重要なポイントが失われ、大幅な減点になる可能性があります。できるだけ内容を損なわず、

日本語の冗長な表現を簡潔にまとめるようにしてください。

　要約問題では、「英文の誤訳」や「書かれていない内容」があれば当然減点されますが、英文にある内容なら減点されません。つまり、「入れるかどうか迷った内容」は書いたほうがいいのです。その場合、日本語力を駆使してコンパクトにまとめることができれば、字数内で多くの内容を盛り込むことができます。

(4) 日本語に訳して考えない

　要約問題に取り組むときに、1つ注意してほしいことがあります。それは、英文を日本語に訳してからまとめてはいけないということです。試験本番では日本語訳を書き出して考えるような時間はまったくありません。

　本書の解説でも、決して「日本語訳から内容をまとめる」のではなく、あくまで「英文ありき」の姿勢で、**「英語のどういった表現に注目するのか？」と**いう観点から解説しています。

■ 文補充問題の解法

(1) やっぱり「木も森も見る」

　英文を丁寧に読んでいけば、「ここでは何の話をしているのか？」がわかりますので、空所に入る選択肢を簡単に2つ（多くても3つ）に絞れます。ここまでが「森」の視点です。

　さらに、2つの選択肢を徹底的に吟味します。「なんとなく」ではなく、前後の英文とのつながりを正確に把握し、答えを選びます。これが「木」の視点です。

(2) いつ選択肢を見るのか？

　一度英文全体を読んでから一気に選択肢を見るか、英文を読みながら選択肢を見るか、また英文を読みながらの場合、どれくらい読んでから選択肢を見るか、など解き方は人それぞれですから、過去問や模試で試してみて、自分のベストな解き方を試験本番までに探しておきましょう。

　個人的には、ある程度「英文の構成・流れ」が掴めた時点で（半分くらい読んだ時点でしょうか）、選択肢を見ることをオススメします。そのほうが効率的に処理できると思います。

▶東大長文対策 (1)　〜要約・文補充〜

■ "this 名詞" に注目する

　"this 名詞 / these 名詞" は「内容をまとめる」のでしたね。15 ページで詳しく説明しましたが、特に要約問題と文補充問題では実によく出てくるので、もう一度チェックしておいてください。ここでは復習代わりに、東大の過去問を使って確認してみましょう。

【例題】
次の英文を読み、以下の問いに答えよ。

　　Collecting has long been a popular hobby, be it for the usual stamps, coins, and buttons, or more recently for Pokemon trading cards. But some kinds of collecting require more than an amateur's knowledge; in this category we find fountain pens. Widely replaced by more affordable and convenient ballpoint and rollerball pens, today fountain pens as everyday writing tools are rarely seen. Precisely for this reason, they have caught the eye of collectors.

　　ア　For collectors, an item's value is increased not only by how rare it is but also by how many colorful stories are told about it, and the long history of the fountain pen contains many.　イ　The fascinating origins of the pen, for example, are inseparable from the development of writing itself.　ウ　We all know about China's crucial invention of paper around 104 A.D. for brush-writing with "India ink."　エ　But consider the Egyptians' earlier use of hollow reed pens to write on papyrus some 4,000 years ago.　オ　What is this if not the basic principle of the modern fountain pen, the ideal pen whose "fountain" would not run dry?

注：reed　葦

▶ Chapter 3

問　以下の文は、第二段落のア～オのどの位置に補うのが最も適切か。その記号を記せ。

　Historians suggest that even these very early writing instruments can be seen as having a sort of internal tank which could supply ink steadily to the writing tip.

2009 年度
(※長文問題から一部抜粋)

＜解説＞
　補充する英文中の these very early writing instruments に注目です。少し長いですが、"these（ 修飾語 ） 名詞 " の形です。ということは、この前には very early writing instruments に相当するものがないといけません。これに相当するものは、オの前にある hollow reed pens しかありません。しかもその直前に the Egyptians' earlier use という表現もあります。これは these very early writing instruments の very early に相当する内容です。したがって正解は、オとなります。
　ちなみに、イの前に stories, ウの前に origins という複数形がありますが、これはどう考えても writing instruments ではないので即除外できます。
　もちろん、いつもこんな簡単に解けるわけではありませんが、容易に解ける問題が実際に出題されることがあるのも事実なのです。

＜正解＞　オ

＜和訳＞　※下線部が補充した文の和訳です。
　何かを収集することは、普通の切手や硬貨、バッジ、より最近ではポケモンのトレーディングカードなど対象が何であっても、ずっと昔から人気のある趣味だ。しかし、コレクションの中には素人知識だけでは対応できないような種類のものもあり、万年筆もその一つである。より安くて使いやすいボールペンや水性ボールペンが使われるようになったので、今日では、万年筆を日常の筆

64

記用具として見かけることはめったになくなった。まさにこの理由で、万年筆はコレクターの目に留まったのである。
　コレクターにとって、品物の価値を高めるのは、その貴重さだけではない。どれほどたくさんの色とりどりの物語がその品物について語られるのかによっても、価値は高まるのである。そして、万年筆の長い歴史には、そのような物語がたくさんあるのだ。たとえば、ペンの魅力ある起源は、書記法自体の発達から切り離すことはできない。紀元後104年頃、「墨汁」と筆を使って文字を書くために、中国が紙という大変重要な発明をしたことは、誰もが知っているだろう。しかし、それ以前にエジプト人が約4000年前にパピルスに書くために、中空の葦のペンを使っていたことを考えてみよう。このようなはるか昔の筆記用具でさえ、絶えずペン先にインクを供給できるある種の内蔵タンクを備えていたと考えられると、歴史学者たちは示唆している。これこそが現代の万年筆、すなわちその「泉」が枯れることのない理想的なペンの基本的原理であろう。

<語句>
- fountain pen　万年筆
- affordable　値段が手頃な
- rollerball pen　水性ボールペン
- catch the eye　（人の）目を捕らえる
- inseparable　分離できない
- writing　書記法
- brush-writing　毛筆
- Indian ink　墨汁
- hollow　中空の
- papyrus　パピルス
- run dry　乾く

▶ Chapter 3

《実践問題1》

次の英文の内容を30〜40字の日本語に要約せよ。句読点も字数に含める。

The other day I happened to become aware for the first time that my electric toothbrush was white with two upright blue stripes of rubber to hold the handle. The button to turn the toothbrush on and off was made of the same blue rubber. There was even a matching blue section of the brush itself, and a colored ring of rubber at the base of the brush handle. This was a far more carefully thought-out design than I had ever imagined. The same was true of my plastic throwaway razor with its graceful bend that made it seem as if the head was eagerly reaching out to do its job. If either my toothbrush or razor had been mounted on a base, it might well have qualified as a sculpture. Had they been presented as works of art, I would have seen something more than an object, something deeper in the way forms can take on a life of their own and create enduring values. "Rightly viewed," Thomas Carlyle wrote in his book *Sartor Resartus*, "no meanest object is insignificant; all objects are as windows, through which the philosophic eye looks into Infinitude itself."

2001 年度

▶東大長文対策(1)　〜要約・文補充〜

<解答例>
正しく見れば、日用品にさえも普段は見えない命や永遠の価値があることに気づく。(38字)

<なぜこの問題が重要か？>
　この問題は、英文自体は難しくないですが、いざ短い字数で要約するとなると、かなりやっかいです。東大入試によく出る「読むのは簡単だが、要約しにくい文章」の対処法をこの問題を通してマスターしましょう。

<英文の読解>

● 見落としがちな重要単語
　最初は電動歯ブラシの話が続き、何が言いたいのかハッキリしません。ところが、読み進めていくと「対比」を示す表現が出てきます。

第4文
This was a far more carefully thought-out design than I had ever imagined.

　than に注目してください。「今まで思っていたよりもはるかに考え抜かれたデザイン」ということは、ここで「普段目にする印象（一般論）vs. よく観察してみた印象（主張）」と予想できるわけです。
　※ここで対比を意識できるかどうかが、この問題で合格点を取れるかどうかのポイントになります。

英語の核心！

　than は基本的な単語なので、つい見落としてしまいそうになりますが、「対比」を示す重要な語です。than があるということは「何かと何かを比較している」わけですから、「一般論 vs. 主張」などの対比が潜んでいると考えてみてください。

▶ Chapter 3

● 2つめの例→まとめ
第5文
The same was true of my plastic throwaway razor with its graceful bend that made it seem as if the head was eagerly reaching out to do its job.

The same was true of ～ で、電動歯ブラシに続いて、2つめの例が出てくるのがわかります。

第6文
If either my toothbrush or razor had been mounted on a base, it might well have qualified as a sculpture.

either my toothbrush or razor で2つの例をまとめにかかっているわけです。「仮にではあるが、もししかるべき場所（ここでは台座の上）に置かれれば、芸術作品（ここでは彫刻）といえる」と言っています。
つまり、普段目にする印象は「ありふれたもの」ですが、よく観察してみた印象は「芸術作品」ということです。

● 同じ「形」に注目する
第7文
Had they been presented as works of art, I would have seen something more than an object, something deeper in the way forms can take on a life of their own and create enduring values.

この文は「ifが省略されて倒置になった仮定法」の文ですね。直前の文も仮定法です。このように、英語の文章では「同じ形（構文）の反復」をすることで、1つの主張を手を変え品を変え読者に伝えようとすることが頻繁にあります。

最終文
"Rightly viewed," Thomas Carlyle wrote in his book *Sartor Resartus*, "no meanest object is insignificant; all objects are as windows, through which the philosophic eye looks into

▶東大長文対策（1）　〜要約・文補充〜

Infinitude itself."

　Thomas Carlyle という有名人の言葉を引用して、自分の主張を補強しています。

　Rightly viewed は分詞構文で、「きちんと見られれば」と仮定していますから、この文も前の仮定法を使った文と同じ主張になると考えられます。前にある2つの仮定法の文と、従属節と主節が対応しているわけです。

▼図解

	従属節	主節
第6文	If either my toothbrush or razor had been mounted on a base,	it might well have qualified as a sculpture.
第7文	Had they been presented as works of art,	I would have seen something more than an object, something deeper in the way forms can take on a life of their own and create enduring values.
最終文	"Rightly viewed,"	Thomas Carlyle wrote in his book *Sartor Resartus*, "no meanest object is insignificant; all objects are as windows, through which the philosophic eye looks into Infinitude itself."

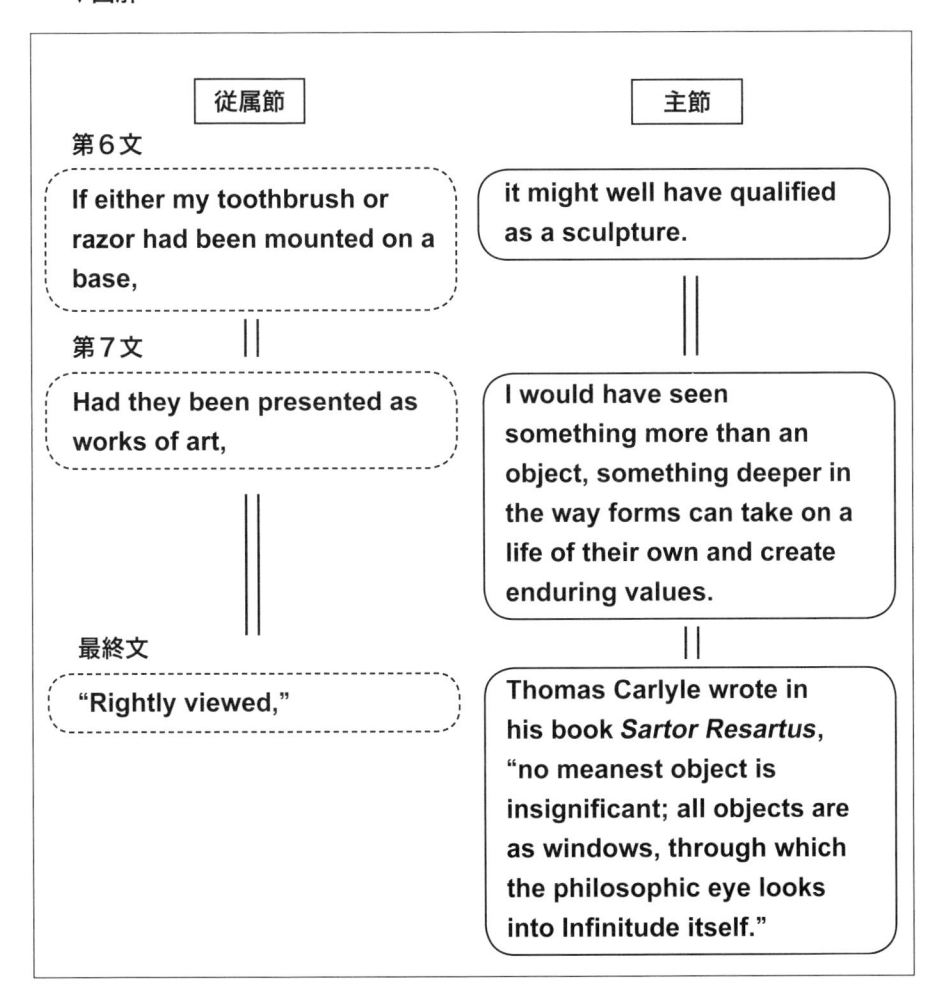

69

＜解答の作成＞

● 答案の大枠

　重要単語 than を含んだ第 4 文から、「日常の些細なものは、普段はなんとも思わないが、きちんと見れば芸術作品のようだ」という対比構造を大枠にします。

● 主張が重複している箇所を見比べる

　英文の後半は重要なことが連続していますが、だからと言ってそれを書いていくと、すぐに字数オーバーになります。主張が重複している箇所を見比べて、いちばん端的に主張を表わしている箇所を採用します。
　「芸術作品」は比喩なので、「命が宿り普遍の価値がある」ことを含めるのがベストでしょう。Thomas Carlyle の言葉は、前半の「きちんと見れば」は採用しますが、後半の「哲学的な視点が無限を見通す」は偉人にありがちな難解な表現ですから無理に採用する必要はありません。

● ラフ答案

　ここまでの内容をまとめると、以下のようになります。まずは内容優先で（字数にこだわらず）書いてみます。

　身の周りにある日用品でさえも、普段は何気ないものだが、しかるべき見方をすれば、命や永遠の価値があることに気づく。（56 字）

　これを指定の字数に収めるため、「身の周りにある日用品」は単に「日用品」にします。「歯ブラシ、かみそり」はあくまで具体例ですから、字数を考えると、「日用品」という書き方がベストです。
　また、解法研究（61 ページ参照）で触れたように、東大の要約はただ対比を示すだけではなく、対比の「重点」がどちらに置かれているかを明らかにしないといけません。ここでは当然「しかるべき見方をした場合」のほうに重点が置かれているので、「普段は何気ないものだが」の部分は少し変えます。解答例では、「普段は見えない命や永遠の価値」とまとめてみました。

▶東大長文対策 (1) 〜要約・文補充〜

【解答例】正しく見れば、日用品にさえも普段は見えない命や永遠の価値があることに気づく。(38字)

<和訳>
　先日ふと、自分の白い電動歯ブラシに、柄を握りやすくするために青いゴム製の線が縦に２本走っていることに初めて気づいた。歯ブラシの電源をオン・オフにするボタンも同じ青いゴムでできていた。毛の部分にも青い部分があり、柄の底にも色のついたゴムの輪があった。今まで思っていたよりもはるかに考え抜かれたデザインだった。同じことが使い捨てのプラスチック製のかみそりにもいえた。その優美な曲線は、まるでかみそりのヘッドが職務を遂行したがって首を伸ばしているかのようだ。仮にではあるが、この歯ブラシやかみそりが台座の上に置かれていれば、彫刻と十分みなされるだろう。私が仮にこれらを芸術作品として見せられていたのなら、単なるモノ以上の、形それ自体が生命を帯びて普遍の価値を創造するような、もっと深いものとしてとらえたはずだ。「正しく見れば、どんな些細なものでも重要である。すべての事物は、哲学的な目から見れば、無限そのものを見通すための窓のようなものなのだ」と、トーマス・カーライルは著書『衣装哲学』で語っている。

<語句>
□ electric toothbrush　電動歯ブラシ　□ thought-out　考え抜かれた
□ throwaway　使い捨ての　□ razor　かみそり　□ graceful　優雅な
□ mount　据えつける

▶ Chapter 3

《実践問題２》

次の英文の内容を、挙げられた例にも触れながら、90〜100字の日本語に要約せよ。ただし、句読点も字数に含め、"science fiction"は「SF」（2字）と表記せよ。

Science fiction not only is good fun but also serves a serious purpose, that of expanding the human imagination. We can explore how the human spirit might respond to future developments in science, and we can imagine what those developments might be.

There is a two-way trade between science fiction and science. Science fiction suggests ideas that scientists include in their theories, but sometimes science turns up notions that are stranger than any science fiction. Black holes are an example, greatly assisted by the inspired name that the physicist John Archibald Wheeler gave them. Had they continued with their original names of "frozen stars" or "gravitationally completely collapsed objects," there wouldn't have been half so much written about them.

One thing that science fiction has focused attention on is travel faster than light. If a spaceship were restricted to flying just under the speed of light, it might seem to the crew that the round trip to the center of the galaxy took only a few years, but 80,000 years would have passed on Earth before the spaceship's return. So much for going back to see your family!

Fortunately, Einstein's general theory of relativity allows the possibility for a way around this difficulty: one might be able to bend, or warp, space and time and create a shortcut between the places one wanted to visit. It seems that such warping might be within our capabilities in the future. There has not been much serious scientific research along these lines, however, partly, I think, because it sounds too much like science fiction. One of the consequences of rapid space travel would be that one could also travel back in time. Imagine the complaint about the waste of taxpayers' money if it were known that the government were supporting research on time travel. For this reason, scientists working in this field have to hide their real interest by using technical terms like "closed timelike curves" that really mean time travel. Nevertheless, today's science fiction is often tomorrow's science fact. The science behind science fiction is surely worth investigating.

From *The Physics of Star Trek* by Lawrence Krauss, Stephen Hawking, HarperCollins Publishers

▶ Chapter 3

<解答例>
　※以下を参照。

<なぜこの問題が重要か？>
　昔から東大の要約問題はやさしい英文ばかりだったのですが、ここ数年は少しレベルが上がりました。この問題でそれを体感してみましょう。また、この問題には「挙げられた例にも触れながら」という特殊な指示もあります。こういう場合、従来のセオリーから脱却して、可能な限り例も書き出す柔軟さが求められます。今後もこのようなイレギュラーな指示があると考えられますので、この問題で慣れておきましょう。

<英文の読解>
● 最初の思い込みを修正できるか？

【第1段落】
　最初の文に not only ～ but also ... があります。これを見て、どんなことを考えますか？

第1文
Science fiction not only is good fun but also serves a serious purpose, that of expanding the human imagination.

　not only ～ but also ... は「対比」の目印ですから、普通はこの文を見て「fun と serious purpose の対比だな」と予想します。そのつもりで第1段落を読み終えますが、第2段落以降を読んで、ちょっとした「異変」に気づけるかがいちばん大事なポイントになります。

【第2段落】
　いくら読み進めても、fun と serious purpose の対比が出てきません。
　そこで、途中で「fun と serious purpose の対比ではないんだ！」と、考えを修正する必要があります。それに気づくきっかけが、第2段落の最初の文なのです。

74

▶東大長文対策（1）　～要約・文補充～

第1文
There is a two-way trade between science fiction and science.

「SFと科学の相互作用」とあるので、「もしかしたらSFと科学の対比か？」と考え、ここで第1段落での予想を修正します（そうでないと、英文の内容が頭の中で混乱してしまうでしょう）。

つまり、第1段落は「SFは想像力を広げる」という内容で、「SFと科学の対比」につなげるイントロダクションのような働きをしているのだと判断できます。また、「（科学に重点が置かれているのではなく）SFに重点が置かれている」と気づかせる役目もしています。

■ 東大思考！

> この英文は、第2段落以降で「最初の思い込みを（柔軟に）修正できるか？」を問うものです。こうした「思い込みの修正」は、東大の入試で過去に何度も問われており、東大合格のために絶対に必要な思考法です。

● 「科学→SF」なのか、「SF→科学」なのかを読み取る

第2文
but sometimes science turns up notions that are stranger than any science fiction.

この文は「科学がSFに与える影響（科学→SF）」を言っています。さらに、次のBlack holes are an example, ～ という文で、その具体例としてブラックホールが挙げられていますね。

【第3段落】
第2段落とのつながりを示す語句（ThereforeやHoweverなど）はありませんから、「科学→SF」なのか「SFが科学に与える影響（SF→科学）」なのかは、内容から考えます。この段落の最初の文を見て何を考えますか？

第1文
One thing that science fiction has focused attention on is travel

75

▶ Chapter 3

faster than light.

　「SFが注目する〜」ということから、(第2段落と違って) 今度は「SF→科学」ではないかと予想します。travel faster than light (超光速移動) はSFの例ですよね。

英語の核心！

　みなさんは、「ButやHoweverがきたら注目する」といった読み方を聞いたことがあるかもしれません。確かにこのような論理を示す語があると、英文を理解しやすくなります。
　しかし、英文には必ずしもこのような語が必要なわけではありません。論理的に書かれている英文では、むしろ使われない傾向にあります。ざっくり言えば、みなさんが今後触れていく「大人向けの文章」ほど、この第3段落第1文のように、ButやHoweverのような前後のつながりを示す語は使われません。

【第4段落】
第1文
Fortunately, Einstein's general theory of relativity allows the possibility for a way around this difficulty: one might be able to bend, or warp, space and time and create a shortcut between the places one wanted to visit.

　最後にある"this 名詞"(this difficulty) から、前の段落をまとめ、そのあとでさらに内容を展開させています。したがって、この段落も「SF→科学」のことで、ここでは「時空移動」の例が挙げられています。

第7文 (最後から2つめの文)
Nevertheless, today's science fiction is often tomorrow's science fact.

▶東大長文対策 (1) 〜要約・文補充〜

ここで「SF→科学」、つまり SF に重点が置かれていることが決定的に示されていますね。

最終文
The science behind science fiction is surely worth investigating.

The science behind science fiction（SF の裏にある科学）は、いまだ実現していないわけですから、当然現段階では「SF」の範疇になります。「その SF 的な科学は非現実的に思えるが、研究する価値がある」ということで、SF に重点を置いているこの英文では重要なので、要約の内容に入れたいところです。

＜解答の作成＞

● 答案の大枠
全体の主題は「科学と SF の相互作用」で、「それぞれ影響を与えていること」と「その例」を明示します。

● 対比の重点を決める
最初の段落と最後の段落から、明らかに科学よりも SF に重点を置いているとわかるので、SF を中心に据えて答案を書きます。

● ラフ答案
「科学と SF の相互作用」「科学→ SF とその例」「SF →科学とその例」「SF は研究価値がある」という要素で構成します。まずは内容重視（字数無視）で書いてみます。

SF は人間の想像力を広げ、科学と相互に作用する。ブラックホールのように科学が SF に影響を与えることもあり、また、超光速移動や時空移動のように SF が科学に影響を与えることもある。まだ SF 的要素は強いが、この類のものは現実化する例もあり、研究に値する。(124 字)

どの要素も大事で、「内容」を削るのは難しいので、日本語の冗長な表現をコンパクトにまとめてみます（こういった日本語力が必要になるのが東大の特徴でもあります）。そうすれば、どの要素も削ることなく、解答例のような答案を作れます。

▶ Chapter 3

【解答例①】SFと科学は相互に作用する。ブラックホールのように科学がSFに影響を与えることも、超光速移動、時空移動のようにSFが科学に影響を与えることもある。SF要素が強い科学も実現可能性があるので研究に値する。(100字)

最後に、補足になりますが、もう1つ解答例を示しておきます。
　対比の重点である「SFが科学に与える影響」のみを書いた(重点でない「科学がSFに与える影響」をおもいきってカットした)答案です。

　今回の英文は、「SFは想像力を伸ばす」「研究に値する」と主張する文章ともいえます(設問では「例にも触れながら」とあるので、必ずしもすべての例を挙げる必要はありません)。
　解答の大きな流れは、以下のようになります。

SFは想像力を伸ばす。(主張)
　　　　↓
たとえば、**超光速移動**というSFの概念を説明するために、**一般相対性理論**という科学理論が用いられ、**ワープ**の実現可能性が想定されている。(論証部)
　　　　↓
SF要素が強い科学も実現可能性があるので研究に値する。(主張かつ結論)

【解答例②】SFは想像力を伸ばす。例えば、超光速移動というSFの概念を説明するために一般相対性理論という科学理論が用いられ、ワープの実現可能性が想定されている。SF要素が強い科学も実現可能性があり、研究に値する。(100字)

＜和訳＞
　SFはとても面白いだけでなく、人間の想像力を伸ばすという重大な目的もかなえてくれる。私たちは、将来科学が発展したら人間の心がどう反応するかを探ることができるし、そうした発展がどのようなものであるか想像することもできる。

▶東大長文対策 (1)　〜要約・文補充〜

　SFと科学の間には双方向のやり取りがある。SFの中には科学者が理論に取り入れている概念が登場するが、科学は時々、どんなSFよりも奇妙な概念を提唱することもある。ブラックホールはその一例であり、物理学者のジョン・アーチボールド・ホイーラーが名づけた秀逸な名称によって、大いに助けられている。「凍った星」や「重力によって完全に崩壊した天体」という元の名前のままだったら、ブラックホールについての書物は現在の半分も書かれていなかっただろう。

　SFが注目した概念のうちの1つに、超光速移動がある。もし1隻の宇宙船を光の速さよりほんの少し遅い速度で飛ぶように制限したとすれば、銀河の中心まで行って帰ってくるのに、乗組員にとっては数年しかかからないように思えるかもしれないが、実際に地球上では8万年が過ぎているだろう。これでは、帰還してから家族に会うのは諦めるしかない。

　幸運なことに、アインシュタインの一般相対性理論は、この問題を回避する可能性を示している。時空を曲げたり、ゆがめたりして、行きたい場所との間をショートカットできるかもしれないということだ。将来的にそのようなワープは実現する可能性があるかもしれない。しかしながら、これまでにこうした方面で真剣な科学的研究がされることは多くなかった。私が思うに、その研究があまりにもSFらしく思えてしまうというのが理由の1つだろう。高速宇宙移動によって、過去の世界に行くこともできるようになるだろう。もしも政府がタイムトラベルに関する研究に助成していることが公になったら、税金の無駄使いだと不満が出るだろうと想像してみよう。この理由から、この分野の研究を行なう科学者は、本当はタイムトラベルを意味する「時間的閉曲線」という専門用語を使うことによって、自分たちの本当の関心を隠さなければならないのである。それでも、現在のSFが未来の科学によって実現する現象であることは少なくない。SFの裏にある科学を研究する価値があることは確かなのだ。

<語句>
- two-way　双方向の　　□ turn up　〜を見つけ出す　　□ inspired　すばらしい
- physicist　物理学者　　□ round trip　往復旅行　　□ way around　回避法
- warp　ゆがめる　　□ technical term　専門用語　　□ closed timelike curve　時間的閉曲線

▶ Chapter 3

《実践問題３》

次の空所（ 1 ）〜（ 5 ）に入れるのに最も適切なものを以下に記したア〜クより選び、その記号を記せ。ただし、同じ記号を複数回用いてはならない。

It's sometimes said that human beings live two lives, one before the age of five and another one after, and this idea probably stems from the enormous amount of time which those first five years of our lives contain. It's possible that we experience as much time during those years as we do during the seventy or more years which come after them.

It seems that during the first months of our lives we don't experience any time at all. According to the research of the psychologist Jean Piaget, during the first months of our lives we live in a state of 'spacelessness', unable to distinguish between different objects or between objects and ourselves. We are fused together with the world, and we don't know where we end and where it begins. We also experience a state of timelessness, since — in the same way that we can't distinguish between objects — we can't distinguish one moment from the next. We (1).

We only begin to emerge from this timeless realm as our sense of separation begins to develop. According to Piaget, this begins at around seven months. We start to become aware of ourselves as separate entities, apart from the world, and also to perceive the separation between different objects. Along with this, we begin to be aware of separation between different events. We (2), encouraged by the development of language, with its past, present, and future tenses. According to Piaget, this process follows four stages. First, we recognise that people arrive and events begin; second, we recognise that people leave and events end; third, we recognise that people or objects cover distances when they move; fourth, we become able to measure the distance between different moving objects or people — and at this point we have developed a sense of sequential time.

After this point of 'falling' into time, we (3). If the sense of sequence is the result of our development of a separate sense of self, we can probably assume that the more developed our sense of self becomes, the more developed the sense of sequence will be. As a result, time will seem to move faster. This sense of time speeding up isn't something that we just experience as adults; it probably happens from early childhood onwards. Time may pass for a two-year-old child, but probably only at an incredibly slow speed. But as the child's sense of self becomes more developed, the speed of time increases, too. Time probably moves faster to a child of four than it does to a child of three, and faster to a child of seven than it does to a child of six.

However, even at this age time passes many times more slowly than it does for adults. This is why, as any parent knows, young children (4). Primary-school teachers should be mindful of this when their pupils' attention starts to wander — what seems to be a fairly short 40-minute lesson to them is stretched many times longer to the children.

Young children's sense of time is not yet fully developed in other ways, too. They can't accurately guess how long events last — in fact, they only become able to do this in terms of seconds at the age of six or seven. They (5). When children between the age of two and four talk about what they have done, or retell the story of something that's happened to them, they almost always mix up the order of the events, usually grouping them together in terms of association rather than sequence.

ア　can only speak in the present tense
イ　become more and more subject to it
ウ　begin to rank the importance of events
エ　don't know when an event begins or when it ends
オ　don't have a clear sense of the sequence of past events, either
カ　develop a sense of sequential time, a sense of the past and future
キ　encounter many new things every minute but still retain a sense that each event is unique
ク　always think that more time has gone by than actually has, and often complain that things are taking too long

2013 年度

▶東大長文対策（1）　〜要約・文補充〜

<解答>
(1) エ　(2) カ　(3) イ　(4) ク　(5) オ

<なぜこの問題が重要か？>
　東大は長年、段落整序問題を出題していましたが、この問題（2013年度出題）から文補充（もしくは「文の一部」を補充）という形式に変更しました。形式が変わっただけで、「木も森も見る」ことには変わりませんが、今後も出題されることを予想して、この問題で慣れておきましょう。

<解説>
(1)
　以下のように、空所直前は「時間の区切りがわからない」という内容です。

第2段落第4文
We also experience a state of timelessness, since ―（省略）― we can't distinguish one moment from the next.

　さらに、空所直後の文（第3段落第1文）に this timeless realm という "this 名詞" のまとめがあります。したがって、空所には「timeless な内容が入るはず」と考え、「エ　don't know when an event begins or when it ends」（ある出来事がいつ始まるのかも、それがいつ終わるのかもわからない）を選びます。

誤答の多い選択肢
オ　don't have a clear sense of the sequence of past events, either
（過去の出来事の連続性のはっきりした感覚もない）

　past events につられてしまうかもしれませんが、either が変です。「過去も〜ない」と言うからには、その前に「現在は〜ない」「未来は〜ない」などが必要なはずです。英文ではあくまで、大きく「時間の区切りがない」と言っているだけです。こういった、either などの追加表現があるときは「森を見る」、つまり「大きな視点」で吟味しましょう。

▶ Chapter 3

(2)

　空所前後の「過去・現在・未来の区別ができるようになる」という内容さえ押さえれば、**「カ develop a sense of sequential time, a sense of the past and future」**（連続した時間の感覚、つまり過去と未来の感覚が発達する）を選ぶのは簡単でしょう。

誤答の多い選択肢

キ encounter many new things every minute but still retain a sense that each event is unique（毎分ごとにさまざまな新しい出来事に出会うが、それでもなおそれぞれの出来事は独立している感覚を持っている）

　一見よさそうに思えますが、still が余計です。「それでもなお（それぞれの出来事が独立している）」と言うからには、その前に同じ内容（出来事の区別ができる）がないといけませんね。

(3)

　空所の前に、this point of 'falling' into time と、また "this 名詞" でまとめています。'falling' には引用符があるので一種の比喩と考えられ、その内容は前段落の「a sense of sequential time を発達させること」です。
　さらに、空所のあとでは「the sense of sequence は、our development of a separate sense of self の結果」と言っています。「結果」である以上、何かしら「関連がある」はずです。さらに主節で、「our sense of self が発達するほど、the sense of sequence も発達する」とあります。

第4段落第1文、第2文

　After this point of 'falling' into time, we (3). If <u>the sense of sequence is the result of our development of a separate sense of self</u>, we can probably assume that <u>the more developed our sense of self becomes, the more developed the sense of sequence will be.</u>

　以上から、「関連した、影響を受ける」という意味にいちばん近い、**「イ**

▶東大長文対策 (1) 〜要約・文補充〜

become more and more subject to it」（ますますその影響を受けるようになる）を選びます。be subject to 〜 は重要な熟語です。

英語の核心！

be subject to 〜 は大学入試で頻出の熟語です。sub は「下」という意味で、「〜に対して下に置かれている」→「**〜の支配下にある**」が本来の意味です。

さらに「〜の支配下にある」から、「**〜のなすがままである**」「**〜の影響下にある**」「**〜を受けやすい**」「**〜に左右される**」など、いろいろな訳が考えられます。また、特に重要で訳しにくい例は以下のものです。しっかりチェックしておきましょう。

be subject to substantial fines（高い罰金を受ける [科せられる]）
be subject to weather condition（天候によって変更の可能性がある）

(4)
完全にボーナス問題ですね。「成人に比べると時間が何倍もゆっくりと流れる」という内容は、「ク always think that more time has gone by than actually has, and often complain that things are taking too long」（つねに実際の時間より長い時間が経過したと考え、ものごとの時間がかかりすぎると不平を言うことがよくある）しかありませんね。

(5)
空所の前後は「子供の無力さ」の話です（特に以下の下線部にご注目ください）。

第6段落第1文〜第4文
　　Young children's sense of time is not yet fully developed in other ways, too. They can't accurately guess how long events last — in fact, they only become able to do this in terms of seconds at the age of six or seven. They (5). When children between the

▶ Chapter 3

age of two and four talk about what they have done, or retell the story of something that's happened to them, they <u>almost always mix up</u> the order of the events, usually grouping them together in terms of association rather than sequence.

「子供の無力さ」に合うものは、**「オ don't have a clear sense of the sequence of past events, either」（過去の出来事の連続性のはっきりした感覚もない）**です。ここで either に注目すると、空所直前の文が They can't accurately guess how long events last という否定文であり、さらに内容も合います。

誤答の多い選択肢
ア　can only speak in the present tense（現在形でしか話せない）

確かに「無力」な感じではありますが、「現在形」の話はここではまったく合いません。

ウ　begin to rank the importance of events（出来事の重要性のランク付けを始める）

このウは「無力」の内容ではないので間違いです。「森の視点」が欠けていると、空所のあとの文に出てくる the order of the event を見て、選んでしまうかもしれません。注意しましょう。

<和訳>
　人間には2つの人生があるという考え方を時折耳にする。5歳までの人生と、その後の人生だというのだ。人生の最初の5年間に膨大な時間がつまっていることから、この考えは生じているのだろう。その5年間でその後の70年かそれ以上の人生に匹敵する時間を過ごすということもありうる。
　どうやら人間は、生後数カ月間は時間というものをまったく経験しないようだ。心理学者ジャン・ピアジェの研究によると、人間は人生の最初の数カ月間は、異なるもの同士や、ものと自分自身を区別できない「境い目のない」状態にあるという。われわれはまわりの世界と融和し、どこまでが自分自身で、どこか

らが外界なのかわからない。われわれはまた、時間の感覚のない状態にもあるという。それは異なるもの同士を見分けられないのと同様に、ある瞬間と次の瞬間を分けることができないからなのである。ェある出来事がいつ始まるのかも、それがいつ終わるのかもわからないのだ。

　われわれは、分化の感覚が発達し始めてからようやくこの時間の感覚のない領域から抜け始める。ピアジェによると、これは生後およそ７カ月で始まる。われわれは、自分が外界から分離した、独立した存在だと気づくようになり、またものとものの区別がつくようになる。これにともない、異なる出来事が分離していることにも気づき始める。過去・現在・未来の時制を持つ言語の発達に促されて、ヵ連続した時間の感覚、つまり過去と未来の感覚が発達する。ピアジェによると、この過程は４つの段階をたどる。第１に、人々が現れたり出来事が始まることを認識する。第２に、人々がいなくなったり出来事が終わることを認識する。第３に、人々やものが動いて距離を進むのを認識する。第４に、動くものや人同士の間の距離を計れるようになる。そしてこの段階になると、連続した時間の感覚が発達する。

　時間の流れに「落ち入る」この段階以降、ィますます時間の支配を受けるようになる。もし連続性の感覚というものが自意識が分離しているという感覚が発達した結果だとすれば、自意識が発達すればするほど、連続性の感覚も発達すると考えてよいであろう。その結果、時間がより速く進むように感じられる。時間が加速するこの感覚は、成人してからのみ経験するものではない。この感覚はおそらく幼年期からずっとあるものだ。２歳児でも時の経過はわかるが、おそらくとてつもなくゆっくりとした速度であろう。しかし、子供の自意識が発達するにつれ、時間も加速する。３歳児より４歳児のほうが、そして６歳児より７歳児のほうが、時の経過を速く感じるだろう。

　だが、これらの年齢でも、成人に比べれば時間は何倍もゆっくり経過している。このため、親なら誰でも知っているように、子供はヶつねに実際の時間より長い時間が経過したと考え、どんなことに対しても時間がかかりすぎると不平を言うことがよくある。小学校教師は、生徒が注意散漫になり始めたらこのことを考えなくてはならない。教師にとってはわりに短い40分の授業が、子供にとっては何倍にも感じられるのだ。

　子供の時間感覚は、ほかの面でもまだ完全には発達していない。彼らは出来事が続く時間を正しく推測することができない。それどころか実際は、６歳か７歳でようやく秒単位での推測ができるようになる。子供はォ過去の出来事の

▶ Chapter 3

<u>連続性に関してもはっきりした感覚がない</u>。2歳から4歳の子供は、自分がしたことについて話したり、自分に起こったことを自分の言葉で話したりする時、ほとんどの場合は出来事の順序を混同し、たいていは連続性よりもむしろ関連性でそれらをつなげてしまう。

＜語句＞
☐ stem from 〜　〜から起こる　☐ spacelessness　無限なこと　☐ fuse together　融合させる　☐ timelessness　永遠なこと　☐ realm　領域　☐ entity　存在　☐ apart from 〜　〜から離れて　☐ sequential　連続して起こる　☐ onwards　先へ　☐ primary school　小学校　☐ mindful　注意して　☐ fairly　かなり　☐ in terms of 〜　〜という観点から　☐ mix up　ごちゃまぜにする　☐ association　関連性

▶東大長文対策(1) 〜要約・文補充〜

《実践問題４》

次の空所（１）〜（５）に入れるのに最も適したものを次のa〜hより選び、マークシートの（１）〜（５）にその記号をマークせよ。ただし、同じ記号を複数回用いてはならない。また、最後の段落の空所（　ア　）に入れるべき単語１語を記述解答用紙の１(B)に記入せよ。

"Decision fatigue" may help explain why ordinary, sensible people get angry at colleagues and families, waste money, and make decisions they would not normally make. No matter how rational you try to be, you can't make decision after decision without paying a biological price. It's different from ordinary physical fatigue — you're low on mental energy, but you're not consciously aware of being tired. And the more choices you make throughout the day, it seems, the harder each one becomes for your brain.

（　１　）Afterward, all the participants were given one of the classic tests of self-control: holding your hand in ice water for as long as you can. The impulse is to pull your hand out, and the deciders gave up much sooner.

（　２　）The researchers interviewed shoppers after shopping and asked them to solve as many arithmetic problems as possible but said they could quit at any time. Sure enough, the shoppers who had already made the most decisions in the stores gave up the quickest on the math problems.

Any decision can be broken down into what is called the Rubicon model of action phases, in honor of the Rubicon river that separated Italy from the Roman province of Gaul. When Caesar reached it in 49 B.C., on his way home after conquering the Gauls, he knew that a general returning to Rome was forbidden to take his army across the river with him, lest it be considered an invasion of Rome. Waiting on the Gaul side of the river, in the "predecisional phase," he contemplated the risks and benefits of starting a civil war. Then he stopped calculating, made his decision, and crossed the Rubicon with his army, reaching the "postdecisional phase."

(3) Researchers have shown that crossing the Rubicon is more tiring than anything that happens on either bank — whether sitting on the Gaul side contemplating your options or advancing towards Rome.

Once you're mentally exhausted, you become reluctant to make particularly demanding decisions. This decision fatigue makes you easy prey for sales staff who know how to time their offers. One experiment was conducted at German car dealerships, where customers ordered options for their new vehicles. They had to choose, for instance, among thirteen kinds of wheel rims, twenty-five arrangements of the engine, and fifty-six colors for the interior.

At first, customers would carefully weigh the choices, but as decision fatigue set in, they would start taking whatever was recommended. (4) By manipulating the order of the car buyers' choices, the researchers found that the customers would end up settling for different kinds of options, and the average difference totaled more than 1,500 euros per car (about $2,000 at the time). Whether the customers paid a little extra or a lot extra depended on when the choices were offered and how much willpower was left in the customer.

Shopping can be especially tiring for the poor. Some researchers argue that decision fatigue could be a major — and often ignored — factor in trapping people in poverty. Because their financial situation forces them to make so many difficult decisions, they have less willpower to devote to school, work, and other activities that might get them into the middle class. (5)

It is also known that when the poor and the rich go shopping, the poor are much more likely to (ア) during the shopping trip. This might

▶東大長文対策 (1) 〜要約・文補充〜

seem like confirmation of their weak character — after all, they could presumably improve their nutrition by cooking meals at home instead of consuming ready-to-eat snacks which contribute to their higher rate of health problems. But if a trip to the supermarket causes more decision fatigue in the poor than in the rich, by the time they reach the cash register, they'll have less willpower left to resist chocolate bars. Not for nothing are these items called impulse purchases.

a) But why is crossing the Rubicon so risky?
b) The whole process can exhaust anyone's willpower, but which phase of the decision-making process is most exhausting?
c) For a more realistic test of their theory, the researchers went into that great modern arena of decision-making: the suburban shopping center.
d) In other words, because the financially poor have so little willpower, they cannot even decide to blame society for making their life difficult.
e) And the more tough choices they encountered early in the process, the quicker they became tired and settled for the path of least resistance by taking a proposed option.
f) In one experiment conducted by researchers at Florida State University, shoppers' awareness of their mental exhaustion was confirmed through a simple test of their calculating ability.
g) This is significant because study after study has shown that low self-control is associated with low income as well as a large number of other problems, including poor achievement in school, divorce, crime, alcoholism and poor health.
h) Researchers at Florida State University conducted an experiment to test this theory. A group of students were asked to make a series of choices. Would they prefer a pen or a candle? A candle or a T-shirt? They were not actually given the chosen items — they just decided which they

preferred. Another group, meanwhile — let's call them the nondeciders — spent an equally long period contemplating all these same products without having to make any choices.

2015 年度

▶東大長文対策 (1)　〜要約・文補充〜

＜解答例＞
1 h)　　2 c)　　3 b)　　4 e)　　5 g)
（ア）eat（もしくは snack）

＜なぜこの問題が重要か？＞
　この問題で文補充問題も3年目（本書執筆時点では最新）で、難易度も定まってきたように思えます。この問題を10分以内に全問正解するというのが、東大合格のための1つの目標になります。特に時間に追われた状況で、(5)を正解できるかが試験本番では勝負の分かれ目になるでしょう。そういった点で東大受験生の指標になる問題です。

＜解説＞
(1)
　空所直後に all the participants があるので、実験などの記述がある、f) と h) に絞ります。ただし、f) はすぐに不正解とわかるでしょう。

f)　In one experiment conducted by researchers at Florida State University, shoppers' awareness of their mental exhaustion was confirmed through a simple test of their calculating ability.（フロリダ州立大学の研究者たちによって行なわれた実験で、計算能力をはかる簡単なテストを通して、買い物客が自分の精神疲労に気づいていることが確証された）

　空所の少し前に but you're not consciously aware of being tired（第1段落第3文の後半）があります。「気づいていない」と言っているのですが、この f) では「気づいている」とあるので、間違いです。残った **h) が正解**です。

h)　Researchers at Florida State University conducted an experiment to test this theory. A group of students were asked to make a series of choices. Would they prefer a pen or a candle? A candle or a T-shirt? They were not actually given the chosen items — they just decided which they preferred. Another group, meanwhile — let's call them the nondeciders — spent an equally long period

93

▶ Chapter 3

contemplating all these same products without having to make any choices.（フロリダ州立大学の研究者たちは、この理論を検証するためにある実験を行なった。あるグループの生徒たちは、一連の選択をするように求められた。ペンとろうそくのどちらが好き？　ろうそくとTシャツならどっち？　選んだ品物を実際にもらえるわけではない。ただどちらが好きか決断するだけだった。一方で別のグループは――そちらを非決定者と呼ぶことにしよう――何も選択する必要はなく、すべて同じ品物を眺めながら同じだけの時間を過ごした）

このh)にある the nondeciders は、第2段落最後の文の the deciders と対をなすことがわかります。

この設問は簡単なので、正解するだけでなく、f)の選択肢を完全に消去してしまうのが効率よく問題を解いていくコツです。

(2)

空所直後の文の shoppers から、買い物関係の話だということで即、**c)** が選べます。ここも f) が候補になりえますが、この選択肢を (1) の段階で完全に消去していれば一瞬で解ける問題ですね。

c) For a more realistic test of their theory, the researchers went into that great modern arena of decision-making: the suburban shopping center.（彼らの理論を確かめるもっと現実的な試験を行なうため、この研究者たちは現代における意思決定の大舞台、つまり郊外のショッピングセンターに入っていった）

(3)

空所直後の文にある crossing the Rubicon is more tiring than 〜 につながる（比較が求められる）内容は、**b)** だけです。b) では which phase 〜 is most exhausting? と聞いています。

b) The whole process can exhaust anyone's willpower, but which phase of the decision-making process is most exhausting?（この過程全体はどんな人の意志力も疲弊させるが、意思決定の過程のどの

▶東大長文対策 (1) 〜要約・文補充〜

段階がもっとも人を疲れさせるのだろうか？）

b) の exhausting が、直後の文で tiring に言い換えられているわけです。
ちなみに、Rubicon が出てくるのは、b) 以外では a) しかありません。

a) **But why is crossing the Rubicon so risky?**（しかし、なぜルビコン川を渡ることがそんなに危険なのだろうか？）

a) は so risky が明らかに変です。so の本来の意味は「そんなに」ですから、so risky（そんなにも危険）と言うからには、その前に risky にあたる内容がないといけないのですが、どこにもありません（the risks and benefits of starting a civil war ならありますが、これは川を渡る危険性のことではありませんね）。

(4)
空所前後は自動車を買う際の話ですから、**e)** 以外ありえない、完全にボーナス問題ですね。

e) **And the more tough choices they encountered early in the process, the quicker they became tired and settled for the path of least resistance by taking a proposed option.**（その過程の早い段階で悩ましい選択にぶつかることが多ければ多いほど、疲れて、提案された選択肢を取ることでもっとも抵抗の少ない道に落ち着くのも早かった）

(5)
空所直前の内容は「貧しいとたくさんの意思決定に迫られるので、中流階級に上がるための活動に意思力を注ぎ込めない」ということです。「貧困、収入」などに触れた選択肢は、d) と g) の2つです。話の流れが自然なのは **g)** で、これが正解になります。

g) **This is significant because study after study has shown that low self-control is associated with low income as well as a large number of other problems, including poor achievement**

▶ Chapter 3

in school, divorce, crime, alcoholism and poor health.（これは重大なことだ。なぜなら、研究に次ぐ研究により、自制力の弱さは、学校での成績不振、離婚、犯罪、アルコール依存や不健康といったほかの多くの問題とともに、低収入とも関連があることが明らかになっているからだ）

ただ、「g) も確かに悪くないが、d) と迷う」という人もかなり多くいると思います。

d)　In other words, because the financially poor have so little willpower, they cannot even decide to blame society for making their life difficult.（言い換えると、財政的に困難な人々の意志力がとても弱いために、彼らは社会が彼らの生活を困難にしていると責めることさえ決断できないのだ）

　In other words（言い換えると）で始まっているので、d) は「直前と同じ内容」にならないといけませんね。逆に言えば、「直前と違う内容」なら即消去できるわけです。
　なんとなく同じようなことを言っているように見えますが、それぞれ because 節の内容と主節の内容をきちんと整理すれば、決して In other words で言い換えられる内容ではありません。次のページのように整理してみると、(5) の直前の文と d) の内容は言っていることが違うのが一目瞭然ですね。したがって d) の選択肢を消去できて、残った g) が正解だと確信が持てるわけです。

▶東大長文対策(1) ～要約・文補充～

(5) の直前

| Because their financial situation forces them to make so many difficult decisions,
(彼らは自分の財政状況によって多くの悩ましい意思決定をせざるをえなくなるので) | → | they have less willpower to devote to school, work, and other activities that might get them into the middle class.
(自分たちを中産階級にあげてくれるかもしれない学校、仕事やそのほかの活動にあてる意志力が弱い) |

原因　　　　　　　　　　　　　　結果

d)

| In other words, because the financially poor have so little willpower,
(すなわち、貧しいと意志力がないので) | → | they cannot even decide to blame society for making their life difficult.
(生活が苦しいことを社会のせいにしようと決心することさえできない) |

原因　　　　　　　　　　　　　　結果

(ア)
ヒントとなるのは2箇所あります。特に下線部が大きなヒントになります。

(空所がある文の) 直後の文
This might seem like confirmation of their weak character — after all, they could presumably improve their nutrition by cooking meals at home <u>instead of consuming ready-to-eat snacks</u> which contribute to their higher rate of health problems.（このことは、貧しい人々の意志力が弱いということを確実に示しているようにも思える。いずれにせよ、彼らは、貧困層に高確率で健康問題がある一因となっている<u>出来合いの軽食を食べる代わりに</u>家で自炊することで、栄養状態を改善できる

97

だろう）

さらにその次の文
But if a trip to the supermarket causes more decision fatigue in the poor than in the rich, by the time they reach the cash register, they'll have less willpower left to resist chocolate bars.（しかし、スーパーマーケットでの買い物が、裕福な人々よりも貧しい人々に多くの決断疲労を引き起こすなら、レジに辿り着くまでには、<u>チョコレートに手を伸ばさないだけの意志力は減りに減っているだろう</u>）

以上から、「ついチョコを食べるような行為」と考え、「ものを口にする、間食する」という意味で **eat** を入れればOKです。一応 **snack** にも動詞で「軽食を取る」という意味がありますから、それも正解になります。

※余談ですが、私はこの問題を一瞬で解きました。というのも、2013年度に慶応大学でも"Decision fatigue"に関する問題が出て、それを読んでいたからです。もう東大では出ないでしょうが、このテーマの内容は今後の受験生が知っておくべきことなのかもしれませんね。

<和訳>

「決断疲労」は、なぜふつうの分別ある人たちが同僚や家族に腹を立てたり、お金を浪費したり、通常ならしないであろう決断をしてしまうかを解き明かすのに役立つかもしれない。どれほど理性的であろうとしても、決断に次ぐ決断を重ねていれば、どうしても生物学的な代償を支払うことになってしまう。それはふつうの肉体的な疲労とは異なる。精神的な活力は低下しているのに、本人は疲れていることを自覚していないのだ。1日中選択をすればするほど、脳にとってその1つを行なうことは難しくなっていくようだ。
　(h)フロリダ州立大学の研究者たちは、この理論を検証するためにある実験を行なった。あるグループの生徒たちは、一連の選択をするように求められた。ペンとろうそくのどちらが好き？　ろうそくとTシャツならどっち？　選んだ品物を実際にもらえるわけではない。ただどちらが好きか決断するだけだった。一方で別のグループは——そちらを非決定者と呼ぶことにしよう——何も選択する必要はなく、すべて同じ品物を眺めながら同じだけの時間を過ごした。その後、被験者は全員、古典的な自制のテストの1つを受けた。できるだけ長く

▶東大長文対策(1)　〜要約・文補充〜

氷水に片手をつけておくというテストである。そこで起こる衝動は手を氷水から引き抜きたいというものであり、決定者のほうがずっと早く屈した。
　c)彼らの理論を確かめるもっと現実的な試験を行なうため、この研究者たちは現代における意思決定の大舞台、つまり郊外のショッピングセンターに入っていった。研究者たちは買い物を終えた客に聞き取り調査を行ない、できるだけ多くの計算問題を解くように頼んだ。ただし、いつやめてもらってもかまわないと告げた。案の定、店でいちばん多くの決定をしていた買い物客がいちばん早く計算問題を解くのをやめた。
　どんな意思決定でも突き詰めれば、行動段階のルビコンモデルというものに当てはまる。この名はイタリアとローマ属州のガリア地方とを分けるルビコン川に由来する。紀元前49年にカエサルはガリア人を征服したあとの帰路でこの川に辿り着いたが、ローマに帰還する際に自らの軍隊をともなってその川を渡ることを禁じられていることは知っていた。ローマへの侵略とみなされないようにするためだ。ガリア側の川沿いにとどまった彼は「意思決定前の段階」にあり、内戦の火蓋を切ることのリスクと利益を比べてじっくり考えた。それから彼は思索をやめ、決断を下して自らの軍をともなってルビコン川を渡った。このとき彼は「意思決定後の段階」に達していた。
　b)この過程全体はどんな人の意志力も疲弊させるが、決断の過程のどの段階がもっとも人を疲れさせるのだろうか？　研究者たちは、それぞれの岸で起こるいかなること、つまり、ガリア側にとどまり選択肢を検討すること、またはローマに向かって歩を進めることのどちらよりも、ルビコン川を渡ることが人を疲れさせるということを明らかにしている。
　いったん精神的に疲れ切ってしまうと、特に、努力しないとできない決断をしたくなくなる。この決断疲労のせいで、どのタイミングで提案するのがよいのかを熟知している販売員のいいカモになってしまうのだ。ドイツの自動車販売店である実験が行なわれ、そこでは客が新しい車につけるオプションを注文した。彼らはたとえば、13種類のホイールリム、25パターンのエンジンの設定、56色の内装の色から選択を行なわなければならなかった。
　初めのうちは、客は選択肢を注意深く検討したが、決断疲労が訪れると、勧められたものをなんでも受け入れ出した。e)その過程の早い段階で悩ましい選択にぶつかることが多ければ多いほど、疲れるのが早く、提案された選択肢を取ることで、もっとも抵抗の少ない道に落ち着いたのだ。研究者たちは、車の購入者たちが行なう選択の順序を操作することで、客が最終的にさまざまな種

▶ Chapter 3

　類の選択肢に落ち着き、その差額が平均すると車1台につき1500ユーロ（当時約2000ドル）以上にのぼることを明らかにした。客が余分にかかるお金を少し払うかたくさん払うかは、選択肢が提示されるタイミングとそのときに客に意志力がどれだけ残っているかに左右されたのだ。

　買い物は、貧しい人々にとっては特に疲れるものになりうる。決断疲労は、人々が貧困の罠にはまる主な——そして気づかれないことも多い——要因になりうると主張する研究者もいる。彼らは自分の財政状況によって多くの悩ましい決断をせざるをえなくなるので、彼らを中産階級にあげてくれるかもしれない学校、仕事、そのほかの活動にあてる意志力が弱くなるのだ。g) これは重大なことだ。なぜなら、研究に次ぐ研究により、自制心の弱さは、学校での成績不振、離婚、犯罪、アルコール依存や不健康といったほかの多くの問題とともに、低収入とも関連があることが明らかになっているからだ。

　貧しい人と裕福な人が一緒に買い物に行くと、買い物の最中に物を ァ食べる可能性は貧しい人のほうがずっと高いことも知られている。このことは、貧しい人々の意志力が弱いということを確実に示しているようにも思える。いずれにせよ、彼らは貧困層に高確率で健康問題がある一因になっている出来合いの軽食を食べる代わりに家で自炊することで、栄養状態を改善できるだろう。しかし、スーパーマーケットでの買い物が、裕福な人々よりも貧しい人々に、より決断疲労を引き起こすなら、レジに辿り着くまでには、チョコレートに手を伸ばさないだけの意志力は減りに減っているだろう。こうした品物を買うことが衝動買いと呼ばれるのにはそれなりの理由がある。

<語句>
□ consciously　意識して　□ arithmetic　計算の　□ break down　分類する
□ in honor of ～　～にちなんで　□ advance　進む　□ reluctant to ～　～したくない　□ particularly　特に　□ prey　えじき　□ dealership　販売代理店
□ set in　始まる　□ manipulate　操作する　□ willpower　意志力
□ presumably　思うに　□ arena　闘技場　□ suburban　郊外の　□ for nothing　理由もなく（よく not for nothing の形で、次のように使われる。It was not for nothing that she passed the entrance examination for the University of Tokyo.［彼女が東大の入試に合格したのははっきりと理由があってのことだ］）

CHAPTER 4

東大長文対策 (2)
～物語・エッセイ～

　東大の英語では毎年、最後に「長文の総合問題」が出ます。物語やエッセイが中心で、時には伝記、ブログの英文などもあります。

　ただし、決してやさしいわけではありません。会話文、基本動詞の熟語、省略の多用、物語特有の単語など、やっかいなことがそれなりにあるので、しっかりと対策を立てられるよう、どの設問も明確な解説をしていきます。

▶ Chapter 4

▶東大長文（物語・エッセイ）の核心

出題分析

■ **物語・エッセイでも精密な読解をする**

とにかく英文を正確に読むことが大切です。基本単語や省略などは、字面を追いながらなんとなく意味が取れているように思ってしまいますが、東大はそれを許しません。語彙・英文法の知識をフルに動員して、さらに前後の内容を吟味した上での、きわめて正確な解釈が要求されます。ここでも**「木も森も見る」という東大の発想が求められている**わけです。

■ **設問にもヒントがある**

物語やエッセイを読みながら設問を解いていくわけですが、各設問を解き終えるたびに、なぜその選択肢を正解として選んだか、よく考えてみてください。というのも、**東大入試の設問には、「本文を正しく理解するきっかけやヒントを与えてくれる」**ものも含まれているからです。

それによって、受験者はより正確に解答できるようになるだけでなく、長文を効果的に読むコツもつかめるはずです。試験中は時間に追われているでしょうが、ほんの10秒でも「何か重要な、答えにつながる情報が得られるかも」と考えてみてください。

■ **物語における「過去完了形」の役割**

物語やエッセイは「過去形」で語られることが多くあります。**話の基準が過去になるので、それよりも前（その物語の中での「過去」）の話は、「過去完了形」で表わされます。**

また、過去完了形は、その基準（過去）までの「継続・完了・結果・経験」を表わすこともあります。要するに、基準（過去）よりもさらに過去のことなので、時制が1つ平行移動しているわけです。

▶東大長文対策 (2)　〜物語・エッセイ〜

時制が1つ左側に平行移動

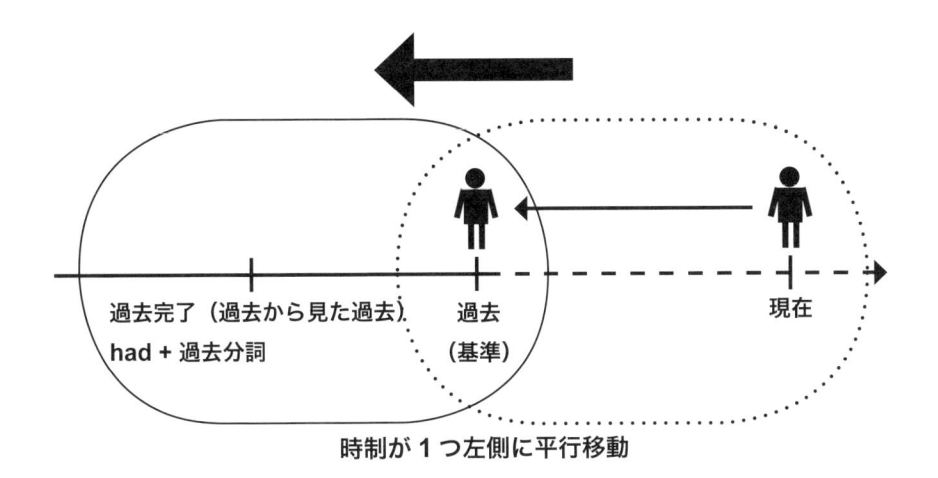

（図：現在 → 過去（基準） → 過去完了（過去から見た過去）had + 過去分詞）

　あとで詳しく説明しますが、物語ではなんの前触れもなく「時間の移動（回想シーン）」が多用されます。その時に、この過去完了形がヒントになることがよくあります。

　このように、過去完了形は物語ではかなり重要な文法事項として活躍するのです。

解法研究

■ 基本動詞を使った熟語の対策

　物語やエッセイでは、基本動詞を使った熟語が多用されます。対策として「しっかりと熟語を覚えておこう」とよく言われます。確かに、市販の熟語帳に載っているものは、東大受験者なら完璧に覚えておくのが当然で、それで得点できる問題もよく出ます。

　しかし、東大の問題では受験者が知らないような熟語を問うこともあります。その場合は2つの対処法が考えられます。

(1) 直訳から考える

　直訳する際に必要なのは、動詞・前置詞・副詞を原義から正確に理解していることです。たとえば、take は「何かを取る、そしてそれを持っていく」、

▶ Chapter 4

work は「がんばる」が原義で（それゆえ「薬ががんばる」なら「薬が作用する、効く」となります。例：This medicine worked like a magic.［この薬はすばらしくよく効いた］）、on は「接触して」、by は「近くに」、about は「～のまわりで」、aside は「わきに」が原義です。したがって、たとえば熟語の stand by は直訳すれば「そばに立つ」ですから、「傍観する」「味方する」という意味になります。

(2) ほかの熟語から類推する

　受験者が当然知っているべき基本熟語を少しアレンジしたものが出題されることもあります。たとえば、2014 年度に次の問題が出ました。

次の英文の下線部を和訳しなさい。
We walked out and headed for a train to the suburbs. My son was bearing luggage. <u>This was the last we'll see of him for six weeks.</u>

2014 年度

（※長文問題から一部抜粋）

　下線部は、This was the last. と We'll see the last of him for six weeks. が関係詞で結ばれた文です。see the last of him という形は、ほとんどの人が初めて見るはずです。ここで直訳「彼について最後を見る」としても対処はできますが、おそらく出題者の狙いは、**基本熟語 see much of 人（人に頻繁に会う）から類推してほしい**ということではないかと思います。ここでは much（頻繁に）が the last に変わっただけですから、「彼に最後に会う」と意味を予想できます。

　下線部の直訳は「これが、6 週間のあいだで、息子に会う最後だった」となります。実際にこの問題に取り組む際は、（ここではカットしましたが）文脈も大きなヒントになりますので、ここまでわかれば意訳は簡単にできます（以下の和訳の下線部参照）。

＜和訳＞
　私たちは歩いて、郊外に向かう電車をめざした。息子は荷物を抱えていた。<u>これを最後に、息子とは 6 週間会うことはないだろう。／これから 6 週間、息子には会わなくなる。</u>

▶東大長文対策 (2)　〜物語・エッセイ〜

■ 物語の「視点の移動」と「時間の移動」に注意する

　物語を難しく感じる原因の1つに、「視点の移動」と「時間の移動」があります。
　「視点の移動」とは、たとえば話が「登場人物Aの視点」から語られていたのに、途中から「登場人物Bの視点」で語られるといったことです。わかりやすく言えば「ドラマのカメラワークが切り替わる感じ」です。
　「時間の移動」とは、簡単に言えば「回想シーン」です。いきなりなんの前触れもなく登場人物が若返ったり、過去の話になったりすることです。テレビドラマであれば画面のトーンが暗くなったり、白黒になったりするので一目瞭然ですが、英文では文字情報だけなので、こういった手法を強く意識していないと、試験本番でかなり混乱してしまいます。
　このように、**物語は「縦に（時間）、横に（視点）移動しながら話が進んでいく」**ということを知っておいてください。

■ テーマを意識する

　物語には必ず「テーマ」があります。東大の問題の場合、特にテーマを意識しなくても、正確に読めさえすれば設問に答えられるものが多いので、テーマそれ自体についての記述はほとんど見られません。しかし、テーマを掴んでしまえば、「英文の内容がスッと頭に入ってくる」「設問の意図がハッキリわかる」「自分の選んだ選択肢に自信が持てる」といったことが期待できるでしょう。
　もちろん最初の数行を読んだだけでテーマがわかるような単純なストーリーはまれで、読んでいくうちに少しずつテーマが見えてくるのが普通です。たとえば、最初はいがみあっている2人が、実は愛情で結ばれているといったストーリーです。

■ 物語特有の単語対策

　入試で物語を出す大学はそれほど多くありません。したがって、市販の単語帳の出る順ランキングには「物語でしか使われないような単語」は掲載されません。だからといって、「普段から洋書を読むとよい」というアドバイスは効果的ではありません。もちろん趣味として読みたいと思うのはすばらしいことですが、受験対策としてなら、東大の過去問を手に入るだけ解くほうが効率的です。
　物語特有の単語の例を挙げると、

▶ Chapter 4

> attic（屋根裏部屋）/ barn（納屋）/ oak（樫の木）/ funeral（葬式）/ microwave oven（電子レンジ）/ lawn（芝生）/ aisle（通路）/ feel dizzy（めまいがする）

といった単語は必ず知っておかないといけません。

　また、単語帳にも載っていますが、物語で重要な「感情表現」もチェックしておきましょう。たとえば、以下のものが東大受験生にとって重要といえます。

> awkward（気まずい）/ turn white [pale]（顔が青ざめる）/ thrill（ワクワクさせる）/ move（感動させる）/ touch（感動させる）/ enchant（魅了する）/ astonish（驚かせる）/ offend（不快にさせる・怒らせる）/ upset（狼狽させる・むしゃくしゃさせる）/ bewilder（狼狽させる）/ perplex（狼狽させる）

▶東大長文対策 (2)　～物語・エッセイ～

《実践問題1》

次の短編小説の一節を読み、以下の問いに答えよ。

　　Jackie leant idly against the window frame, staring out at the beach in front of the house. In the distance down the beach she could see the familiar figure in the blue dress slowly coming towards the house. She loved these moments when she could watch her daughter in secret. Toni was growing up fast. (1)It seemed no time since she and the confused little seven-year-old had arrived here. How Toni had adored her father! When she was still only five or six years old, they would all make the long trip from the city to the beach every weekend, and Toni would go out with him into the wildest waves, bravely holding on to his back, screaming in pleasure as they played in the waves together. She had trusted him entirely. And then he had left them. No message, no anything. Just like that.

　　She could make (2) Toni's figure quite clearly now. She saw her put her shoes onto the rocks near the water's edge and walk into the wet sand, then just stand there, hand on hip, head on an angle, staring down. What was she thinking? Jackie felt a surge of love that was almost shocking in its intensity. "I'd do anything for her," she found herself saying aloud, "anything."

　　It was for Toni that she had moved from the city to this house eight years ago, wanting to put the (3). Surely, up here it would be simpler, safer, more pleasant to bring up a child. And indeed, it had been. Toni had been able to ride her bicycle to school, run in and out of her friends' homes, take a walk around the beach, in safety. There had never been a lack of places for her to go after school while Jackie was at work. They had a comfortable relationship, and Toni had given her (4) whatsoever.

Chapter 4

So, only three years to go and then she, Jackie, planned to return to the city, move in with Tim, marry, maybe.

She glanced up at the clock. Four o'clock. He'd be here at seven, just like every Friday. Besides Toni, he was the person she loved best in the world. Every weekend he came and they lived together like a family. He never put pressure on her to go and live in the city with him. He understood that she wanted to (5)see Toni through school first. He said he was prepared to wait until she was ready. Jackie loved the arrangement. Not seeing each other through the week had kept their relationship fresh. They had so much to tell each other each Friday. Getting ready — shampooing her hair, blow-drying it, putting on her favourite clothes, looking pretty — was such fun. Jackie thanked God for Toni and Tim.

* * *

Toni pressed her feet further into the wet sand. She didn't want to go home yet — she had too much to think about. At home Mum would be rushing about, singing, cleaning, getting ready for Tim, all excited. Someone her Mum's age behaving like that! Toni thought it was (6)a bit too much, really — it was almost a bit pitiful. Although Tim was great — she had to admit that. One part of her was really pleased for Mum, that she had a partner; the other part was embarrassed. No, she wouldn't go home just yet.

(7)She looked up and down the beach. She was relieved it was empty. She'd hate to be seen in this dress — it was so fancy and girlish. She had just applied for a Saturday job and Mum had made her wear this. "It's lovely, darling, and you look so pretty in it. It's important to make a good impression," she'd said. Well, she'd got the job. Mum would be waiting now, wanting to hear the news, and she'd get all excited as if she'd won a prize or something. She wished sometimes that Mum didn't get so carried

▶東大長文対策 (2) 〜物語・エッセイ〜

away with things. There was one good thing, though. She'd have some money of her own for once, and would be able to buy some of the clothes she wanted for a change.

One thing was for sure. She wasn't going to wear this dress tonight! She'd wear it as she left the house to make sure Mum let her go, but then she'd change at Chrissy's place. It had all been a bit complicated — she'd never had to do (8)this before. Just getting Mum to give her permission to go to the dance had been hard enough.

"Will there be supervision there?" "Will there be alcohol?" "What time does it finish?" On and on — like a police investigation. Other kids' parents didn't go on like Mum. But at least she'd been allowed to go. It was her first time to the beach club!

Chrissy had told her not to even ask. "Just get out of the window when your Mum and her boyfriend have gone to bed," had been her advice. "Things don't get started until late anyway." But Toni couldn't do that, not this first time. Anyway, Mum had said okay after Toni had done some pretty fast talking; she'd had to tell a few lies, but in the end Mum had swallowed them. "Chrissy's parents are taking us. Five parents will be supervising. Alcohol's not allowed. I'll be home by eleven-thirty."

She was especially embarrassed by the last one. Eleven-thirty — no chance! Still, once she got out of the house, Mum wouldn't know. Toni twisted her feet deeper into the sand. She was just a tiny bit uneasy about all the lies. But, why should she worry? Everyone had to do it. She'd never go anywhere if she didn't. Look at Chrissy. (9)Look at what she had been getting away with for a year now.

(1) 下線部(1)の言い換えとして最も適切な表現を次のうちから一つ選び、その記号を記せ。

ア It appeared to be so long ago that

109

▶ Chapter 4

イ It seemed like only yesterday that
ウ It had always been such a rush since
エ It allowed her little time to think since

(2) 空所（ 2 ）を埋めるのに最も適切な一語を記せ。

(3) 次に与えられた語を適切な順に並べ替えて空所（ 3 ）を埋め、その 2 番目と 5 番目にくる単語を記せ。ただし、以下の語群には、不要な語が一つ含まれている。

again	and	behind	child
past	start	them	

(4) 空所（ 4 ）を埋めるのに最も適切な表現を次のうちから一つ選び、その記号を記せ。
ア no joy　　イ little joy　　ウ no trouble　　エ little trouble

(5) 下線部 (5) とほぼ同じ意味の表現を次のうちから一つ選び、その記号を記せ。
ア see Toni off to school
イ help Toni come first in school
ウ wait until Toni finished school
エ enjoy watching Toni go to school

(6) 下線部 (6) の a bit too much という Toni の思いは、母親のどのような態度に対するものか。20 ～ 30 字の日本語で述べよ。

(7) (7) の段落に描かれている Toni の心理について当てはまるものを次のうちから一つ選び、その記号を記せ。
ア She is looking forward to receiving the prize she has won.

イ She is looking forward to spending her wages on new clothes.
ウ She is looking forward to hearing her mother's news about the job.
エ She is looking forward to making a good impression on her employers.

(8) 下線部 (8) の this が表す内容を次のうちから一つ選び、その記号を記せ。
ア buy a dress
イ stay with her friend
ウ be dishonest with her mother
エ leave the house through the window

(9) 下線部 (9) を和訳せよ。ただし、she が誰を指すかを明らかにすること。

(10) この文章の前半で描かれている Toni の子供時代について、正しいものを一つ次のうちから選び、その記号を記せ。
ア Toni's father moved to the city to live by himself when Toni was seven.
イ Toni and her parents lived in a house by the beach until she was seven.
ウ Toni and her mother moved to a house by the beach when Toni was seven.
エ Toni's father came to the beach to see her on the weekend until she was seven.

(11) 次は、この文章で表現されている Jackie と Toni の心情について述べたものである。空所 (a) ～ (d) を埋めるのに最も適切な動詞を以下の語群から選び、その記号を記せ。語群の動詞は原形で記されている。同じ記号は一度しか使えない。

▶ Chapter 4

Jackie doesn't (a) that her daughter is quickly growing up, more quickly, perhaps, than she would like. She (b) to see that Toni now has her own thoughts and ideas. Toni still (c) her mother but feels a little uncomfortable with the relationship and wants to (d) more independent.

ア become   イ fail   ウ live   エ love
オ realize   カ succeed   キ wish

2008 年度

▶東大長文対策 (2) 　～物語・エッセイ～

<解答例>
(1) イ　　(2) out　　(3) 2番目：behind　5番目：start (past behind them and start again)【不要語：child】　　(4) ウ　　(5) ウ
(6) 母が年甲斐もなく、恋人のために色々準備して浮かれている態度。(30字)
(7) イ　　(8) ウ　　(9) 和訳の下線部参照　　(10) ウ　　(11) (a) オ
(b) イ　　(c) エ　　(d) ア

<なぜこの問題が重要か？>
「視点の移動」「時間の移動(回想)」がたくさん出てくる、とてもよい素材です。また、設問を通して本文を正しく理解できるという特徴も存分に確認できます。「これぞ東大！」という問題です。

<解説>
(1)
　下線部 It seemed no time since ～ の直訳は「～してから、ゼロの時間のようだ」で、つまりは「～してからあっという間」ということです。
　※この考え方のベースは、in no time という熟語です。直訳は「ゼロの時間が経つと」で、そこから「今すぐに」という意味になります。

　これに意味が近いのは、「イ It seemed like only yesterday that」(～はまるで昨日のようだ) です。

東大思考！

　普通はこれで設問(1)の説明を終えてしまいますが、実はここに大事なポイントが隠れています。下線部(1)の「～してからあっという間」「～はつい昨日のことのよう」は、「回想シーンの入り口」を暗示しているのです。
　実際に、since 以降では she and the confused little seven-year-old had arrived here と過去完了形が使われ始めます。物語が過去を基準にした時、その物語の中での「過去」は、「過去完了形」で表わすのでしたね (102, 103 ページ参照)。
　さらに、次の文では How Toni had adored her father! と感嘆文が使われています。感嘆文や疑問文も、回想シーンの入り口としてよく使われ

▶ Chapter 4

ます（このあたりから回想になることは明らかなので、時制は過去形も混ざりますが、最初の窓辺のシーンより昔に場面が変わっていますね）。
　このように、設問が「本文を正しく理解するヒントを与えてくれる」わけです。

ほかの選択肢
ア　It appeared to be so long ago that（～はまるでとても昔のことのようだ）
ウ　It had always been such a rush since（～してからずっとそのような忙しい日々だった）

ウは always が不要ですし、下線部 (1) が過去形 (seemed) なのに、過去完了形 (had been) になっているのも説明がつきません。

エ　It allowed her little time to think since（彼女には～してから考える時間がほぼなかった）

(2)
　空所直後の文で、She saw her put ～ と Toni の姿が「見えて」います。ですから、She could make (2) Toni's figure quite clearly now.（トニの姿が鮮明に○○だ）とするために、make を使った熟語 make out（はっきりわかる）にします。
　※物語で多用される、基本動詞を使った熟語が問われています。

東大思考！

　設問(1)と同様に、この問題にも本文を正しく理解するヒントがあります。母 (Jackie) が、娘 (Toni) の姿を「ハッキリわかる」場面になったということは、前の段落の「回想」がここで終わったことを示します。その証拠に、この英文では She could make (2) Toni's figure quite clearly <u>now</u>. と、now を使って現在（進行中の場面）に戻しています。

(3)
　前後の内容から考えるべきことが2点あります。
　① 空所の前に put があります。put は普通「場所を表わす副詞」をともなうので、"put the 名詞 場所を表わす副詞" という形を予想します。
　※整序問題は、いちばん確率の高いパターンを考え、それがうまくいかない時に別のパターンを考えていくのがセオリーです。

　② 直後に Surely, up here it would be <u>simpler, safer, more pleasant</u> to bring up a child.（きっとここのほうが子育ては、よりしやすく安全で楽しいだろうと思った）という「比較」があります。ということは空所(3)の内容は**「ここに来る前のこと、そこを離れた時のこと」**と考えられます。

● 英文の作成
　the の直後は past で、そのあとに場所を示す副詞 behind を置きます。behind のうしろには them がきます。
　※ここで child は不要と予想できます。child である Toni は一緒に連れてきたわけですから、意味からも合いませんよね。

　後半は、直後の「きっとここのほうが～」とつながる and start again にすれば OK です。
　完成した英文は、(wanting to put the) past behind them and start again になります。

(4)
　直前の They had a comfortable relationship から、「ウ no trouble」と「エ little trouble」に絞れます。どちらも似たような意味ですから、決め手は文脈ではなく形だと予想できます。空所直後に whatsoever があります。whatsoever には "no 名詞 whatsoever" という形で「少しも～でない」と、「"no 名詞"を強調する働き」があります。ですからここでは、**「ウ no trouble」**が正解です。
　whatsoever は whatever（どんな～でも）の強調形です。whatever にも同じ no を伴う強調用法があります。
　※この whatsoever は入試ではあまり見ない語ではありますが、東大ではリスニングでも出ています（213ページの15行目を参照）。

▶ Chapter 4

【補足】
　ちなみに、設問 (3)(4) を含む第 3 段落は、第 2 段落の海辺のシーンから回想シーンである過去へタイムスリップしています。
　次の第 4 段落の第 1 文 She glanced up at the clock. で、また海辺のシーンに戻っています。「時計を見る」という行為が、場面の転換を示唆しているわけです。

(5)
　下線部 see Toni through school first を直訳すると、「まずはトニが学校を通過するのを見届ける」になります。この through は「通過、終了」を表わし、「学校を卒業する」ということです。
　さらに、下線部 (5) の直後は He said <u>he was prepared to wait until she was ready</u>. とありますから、「まだ何かの準備段階」「何かを待ってもらう段階」だとわかり、それは「トニが学校を卒業するのを見届けること」だと解釈できます。
この意味になるのは、「**ウ wait until Toni finished school**」しかありません。

ほかの選択肢
ア　see Toni off to school（トニが学校に行くのを見送る）
　　※ "see 人 off"（人 を見送る）という基本動詞 see の熟語です。

**イ　help Toni come first in school
　　（トニが学校で 1 番になる手助けをする）**
**エ　enjoy watching Toni go to school
　　（トニが学校に行くのを見て楽しむ）**

(6)
　下線部のうしろの形に注目してください。

it was (6)<u>a bit too much</u>, really — it was almost a bit pitiful.

　it was ～ という形が反復されているので、a bit too much ≒ almost a bit pitiful です。
　※「同じ形（構文）の反復」は 68, 69 ページにも出てきましたね。

▶東大長文対策 (2)　〜物語・エッセイ〜

　pitiful は「哀れみを誘う、痛々しい、みじめな」などネガティブな意味の言葉が辞書には並んでいます。

　この pitiful を手がかりに、it の内容を前に求めると、Someone her Mum's age behaving like that! だとわかります。この文の behaving like that の説明をさらに前に求めると、Mum would be rushing about, singing, cleaning, getting ready for Tim, all excited だとわかります。これをまとめれば OK です。

▼図解

```
At home Mum would be rushing about, singing, cleaning, getting
ready for Tim, all excited.
              ↑
   Someone 〜 behaving like that!
                      ↑
   Toni thought it was a bit too much, really — it was almost a bit
   pitiful.                          同じ形の反復
```

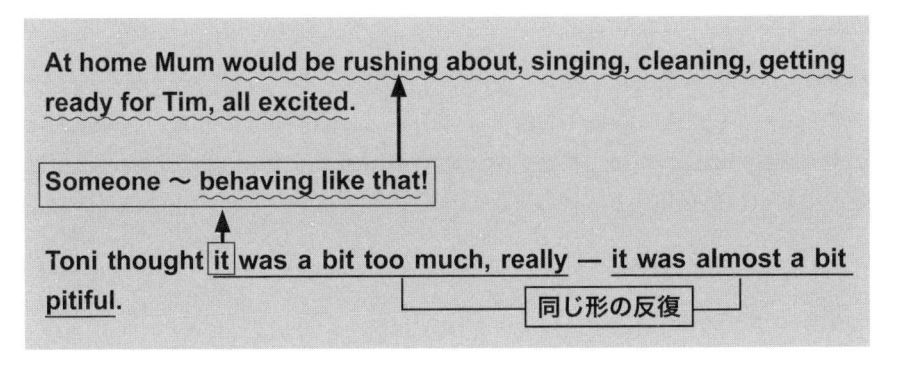

　そもそも下線部 (6) には too があります。too は「あまりに〜すぎる」という意味ですから、**何かが**「**許容範囲を超えている**」ということです。ここでは someone her Mum's age に注目して、「恋人のために浮かれるのが許される年齢を超えている」と考え、「年甲斐もなく」を答案に入れます。

<ラフ答案>　※該当箇所を全部訳してみた場合
母が年甲斐もなく、恋人のためにせわしなく動きまわり、歌って、掃除をして、色々と準備をして、浮かれている態度。(54字)

　これだとかなりの字数オーバーなので、「せわしなく動きまわり、歌って、掃除をして、色々と準備をして」の部分を、「色々準備して」とまとめてしまいます。

【解答例】　母が年甲斐もなく、恋人のために色々準備して浮かれている態度。
　　　　　　(30字)

▶ Chapter 4

東大思考!

(6) <u>a bit too much</u> が母親の行動を表わすということは、東大受験生なら誰でもわかったでしょうが、それはたまたまこの設問が簡単だったからです。設問が難しい時ほど、ここで解説した「うしろの pitiful をヒントに探す」といった方法が役立つはずです。指示語（句）の内容は原則「前に」ありますが、そのヒントは「うしろに」あります。**「答えは前、ヒントはうしろ」**を忘れないでください。

(7)

(7) の段落を読めば難なく正解できるボーナス問題です。正解は、「イ She is looking forward to spending her wages on new clothes.」（彼女は賃金で新しい服を買おうと思って楽しみにしている）で、この段落の最後の文が該当箇所です。

第6段落最終文

She'd have some money of her own for once, and would be able to buy some of the clothes she wanted for a change.

ほかの選択肢
ア　She is looking forward to receiving the prize she has won.（彼女は勝ち取った賞を受け取るのを楽しみにしている）

本文では as if she'd won a prize という「比喩」（as if が比喩の目印）があるだけで、実際に賞を受賞したわけではありません。このような「比喩の取り違い」を狙った問題は、東大でもセンター試験でもよく出ます。問題が作りやすいのでしょうね。
　※そもそもこの as if she'd won a prize の she は「母親」のことなので、「S が違う」という観点から間違いと判断することも可能です。

ウ　She is looking forward to hearing her mother's news about the job.（彼女は母の仕事についての話を聞くのを楽しみにしている）

(7) の段落を読めば、「仕事を得たのはトニ」とわかります。母が仕事を得たわけではありません。

エ She is looking forward to making a good impression on her employers.（彼女は自分の雇い主によい印象を与えることを楽しみにしている）

「印象をよくする」のは、母のアドバイスです。さらには「もうすでに仕事を得ている」ので、この選択肢の内容は違いますね。

【補足】
　設問 (6)(7) を解いて気づいたと思いますが、第 5 段落（設問 (6) がある段落）の直前の "＊＊＊" を境に、物語の「視点」が完全に変わっています。前半（第 1 段落〜第 4 段落）は「母親 (Jackie) からの視点」、後半（第 5 段落〜最終段落）は「娘 (Toni) からの視点」になっています。

(8)
　下線部 (8) は、前後の内容から、「母親を安心させるため、そのドレスで外出し、パーティーに合った服装をするため、クリッシーの家で着替えること」だとわかります。
　しかし選択肢にはこれとまったく同じ内容の選択肢はないので、消去法から、**「ウ be dishonest with her mother」（母親に対して不誠実である）**だとわかります。

東大思考！

　この設問 (8) は簡単でしたが、実はこの英文全体の「テーマ」を表わしているのです。
　第 1 段落（下線部(1)の直前）に Toni was growing up fast. とあります。トニは母親の想像以上に成長しており、もはや母親を少しうっとうしいとさえ思い始めているのです（反抗期だと思えばわかりやすいでしょう）。
　そのことに、設問 (8) の答え (be dishonest with her mother) で気づくわけです。設問 (1) 同様に、設問が本文の理解を促してくれるよい例です。

> ちなみに、これがテーマだというのは、設問 (11) の問題を解きながら確信に変わりますよ。

(9)

● **同じ形の反復に注目する**

設問には「she が誰を指すかを明らかにする」とあります。文脈から考えてもわかってしまうのですが、真の実力をつけることを目指すみなさんは、ここで「(直前の文と) 同じ形 (構文) の反復」に気づいてほしいところです (116 ページの設問 (6) の解説を参照)。

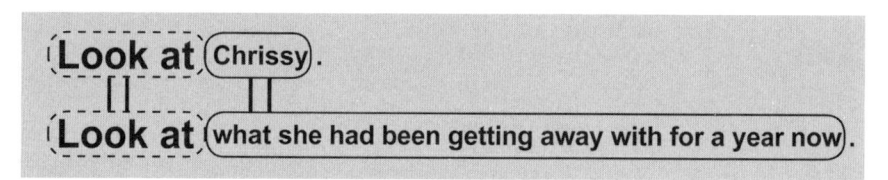

```
Look at Chrissy.
  ‖
Look at what she had been getting away with for a year now.
```

Chrissy ≒ what she had been getting away with for a year now，つまり下線部 (9) の she は Chrissy と考えられるのです。

● **丸暗記に頼らず考えてみる**

get away with ～ は「(悪いことを) うまくやり通す、(罰を) 逃れる」という意味ですが、これを覚えている受験生はほとんどいません。ですから熟語の暗記ではなく、直訳から考えていきましょう。直訳は「クリッシーが手に持って何かから離れた」です。

● **キャラクターを考える**

さらにクリッシーがどんなキャラクターかを考慮すると、トニをパーティーに誘い、母親にうそをつくのを勧めていることから、悪友だとわかります。そのクリッシーがこの 1 年でやってきたことが get away with ～ の対象なので、「クリッシーが手に持って何かから離れた」とは、「クリッシーが親に咎められること、しかられることからうまく離れた」と予想し、「クリッシーがうまく切り抜けた (うそがばれずにやってきた)」くらいに意訳すれば上出来です。

▶東大長文対策 (2) 〜物語・エッセイ〜

● ひとり言だと意識する
　この文は「見た目」は命令文ですが、当然誰かに命令しているのではなく、自分に命令している「ひとり言」です。したがって、「〜を見なさい」ではなく、「〜を見てごらんよ」→「〜でしょ、〜じゃないの」と訳します。
　さらに余裕があれば、最後に「〜と、トニは思った」と付け加えれば完璧です。
　※「そんなことを勝手に付け加えていいの？」と思うでしょうが、これは専門用語で「描出話法」と呼ばれるもので、伝達動詞（とその主語）は省かれ、地の文に埋め込まれた用法です。訳出する際は、省かれた主語と動詞を補うほうが自然な訳文になるはずです。

【解答例】この1年間、クリッシーはうまくやってきた（うそがばれずにやってきた）じゃないの、とトニは思った。

【補足】
　描出話法とは、直説話法（セリフをそのまま述べる）と間接話法（セリフを筆者の言葉に変換して地の文で述べる）の中間に位置するものです。簡単に言えば、セリフを地の文に埋め込んだもので、登場人物の気持ちを筆者が代弁しているもの、ともいえます。
　訳出する時は、直訳するのではなく、登場人物の視点に立った（登場人物が言っているような）表現にします。

(10)
　ボーナス問題です。前半を読み返せばまったく問題はありませんね。正解は「ウ　Toni and her mother moved to a house by the beach when Toni was seven.」（トニと母親は、トニが7歳の時に海岸のそばの家に引っ越した）です。

　該当箇所は第1段落第5文の she and the confused little seven-year-old had arrived here（ジャッキーと、まだ事情がわかっていなかった7歳のトニがここに到着した）です。

ほかの選択肢
ア　Toni's father moved to the city to live by himself when Toni was seven.（トニの父親はトニが7歳の時に単身で市内に引っ越した）

121

▶ Chapter 4

And then he had left them. No message, no anything.［第1段落第9文・第10文］とあり、トニの父親は突然失踪したので、不正解です。

イ　Toni and her parents lived in a house by the beach until she was seven.（トニと両親はトニが7歳の時まで海岸の近くの家に住んでいた）

When she was still only five or six years old, they would all make the long trip from the city to the beach every weekend［第1段落第7文］とあり、一緒に暮らしていたのは5，6歳の時であり、さらに from the city とあるので住んでいた所も違います。

エ　Toni's father came to the beach to see her on the weekend until she was seven.（トニの父親はトニが7歳の時まで週末に海岸までトニに会いに来ていた）

イと同じ理由で不正解です（該当箇所は第1段落第7文）。

(11)
(a)

Jackie doesn't (a) that her daughter is quickly growing up, more quickly, perhaps, than she would like.

　直後に that 節を取る動詞は、「**認識・伝達系（think, say など）**」「**提案・命令系（suggest, request など）**」「**その他わずかな動詞（wish など）**」のように、一部の動詞に限られます。選択肢の中で that 節を取るのは、「オ realize」と「キ wish」で、wish は that 節の中が仮定法にならないといけないので、「**オ realize**」が正解です。
　この文の意味は、「ジャッキーは娘が自分の思っている以上に成長しているのを理解していない」です。

▶東大長文対策 (2) 〜物語・エッセイ〜

(b)

She (b) to see that Toni now has her own thoughts and ideas.

　直後に to 不定詞を取るのは、「イ fail」「エ love」「キ wish」で、「母親はトニが自分の思っている以上に成長しているのを理解（see）していない」わけですから、fail to 〜（〜しない）の形にします。「イ fail」が正解です。
　※ see that 〜（〜を理解する）は東大受験生なら常識…と思いきや、実際に東大受験生を見ていると、意外と知らない人も多いようです。「トニが自分の考えや意見を持っているのを見るのが好きだ」と誤解して love を選ばないように注意してください。

　この文の意味は、「彼女はトニが自分の考えや意見を持っていることをわかっていない」となります。

英語の核心！

> 　動詞の目的語に that 節がきたら、その動詞は「認識・伝達」の意味になるのが普通です。たとえば、experience でさえも that 節を取れば「認識・伝達」の動詞となり、experience that 〜 は「〜ということを（経験により）知る」という意味になります（「知る」は認識の範疇です）。
>
> 　I experienced that women are good at lying.（女性はうそがうまいということを経験から知った）

(c)

Toni still (c) her mother but feels a little uncomfortable with the relationship

　直後の名詞を目的語に取り、かつ意味が通るのは、「エ love」です。

(d)

and wants to (d) more independent.

▶ Chapter 4

　直後に more independent という形容詞を取り（SVC になり）、意味が通るのは、「ア become」です。

東大思考！

　設問 (8)（とその直後の「東大思考！」）で予想した英文のテーマは、この設問 (11) を解きながら確信に変わりましたね。やはり「娘は母の思いどおりの良い子だったが、急成長をする中で、母親のことを息苦しく感じる（オーバーに言えば）悪い子」になっていくという話です。
　また、すでに気づいた人も多いでしょうが、要約問題がある時は、本文を読む前にサッと目を通しておくと、本文の大筋がわかってしまうことがよくあります（もちろん空所部分の深読みはしないように）。特にこの問題の場合「母との関係を uncomfortable に感じている」と知っておくと、英文の読解がかなりラクになるはずです。
　なぜ東大がこんな単純なテクニックを許しているのかわかりませんが、試験本番は時間との闘いでもあるので、「使えるものは使う」という姿勢でいきましょう。

<和訳>
　ジャッキーはただ窓枠にもたれて、家の前のビーチを眺めていた。ビーチの向こうから、あの青いドレスを着た見なれた人影がゆっくりと家のほうへ近づいてくるのが見えた。彼女はこうやって密かに娘を眺める瞬間が大好きだった。トニはどんどん大人になっていた。ジャッキーと、まだ事情がわかっていなかった7歳のトニがここに来て (1) から、まったく時間が経っていないように思える。トニはなんと父親を慕っていたことか！ 彼女がまだほんの5, 6歳の頃、一家そろって週末ごとに市内からビーチまで遠出したものだ。トニは父親と一緒にかなり荒い波にも立ち向かい、しっかりと彼の背中にしがみついて、一緒に波間で遊びながら嬉しそうに声を上げたものだ。トニは父親をすっかり信頼していたのだ。ところが、彼は突然2人のもとを去った。伝言も何もなく、ただいなくなったのだ。
　今やジャッキーはトニの姿がはっきりと見えた。トニは水際近くの岩の上に靴を置いて、湿った砂の中へと歩いていき、それから立ち止まり、腰に手をあて、頭を傾けて下を見つめていた。あの子は何を考えているんだろう。ジャッキー

▶東大長文対策 (2) 〜物語・エッセイ〜

は、自分でも驚くほど激しい愛情がこみ上げるのを感じた。「あの子のためならどんなことでもするわ。そう、どんなことでも」と彼女は思わず声に出して言った。

　8年前に市内からこの家へ引っ越したのはトニのためだった。過去は捨て去って、再出発したかったのだ。きっとここのほうが、子育てはもっと楽で、安全で、そして楽しいだろうと思ったし、実際今までそうだった。トニは安全に、自転車で学校へ行ったり、友だちの家を出入りしたり、ビーチを散歩したりできた。放課後まだジャッキーが仕事に行っているあいだも、トニが行く場所は限りなくあった。2人は仲良くやっていたし、トニは母親になんの面倒もかけなかった。だから、あと3年もすれば、ジャッキーは市内に戻り、そこでティムと一緒に暮らし、結婚する予定だった、おそらくは。

　ジャッキーはちらりと時計を見上げた。4時だ。いつもの金曜と同じように、彼は7時に来るだろう。トニを除けば、彼はジャッキーが世界でいちばん愛する人だった。彼は週末ごとにやってきて、3人は家族同然に一緒に暮らした。ティムがジャッキーに、一緒に市内に住むのを強いることは決してなかった。彼女が、(5)まずトニが学校を卒業するのを見届けたいと思っているのをわかっていたのだ。彼は、彼女の準備ができるまで待つつもりだと言った。ジャッキーは彼との取り決めをとても気に入っていた。平日のあいだは会わないことで、彼らの関係は新鮮に保たれていた。2人は金曜日ごとにたがいに話すことが山ほどあった。彼に会う準備をすること——髪をシャンプーして、ドライヤーで乾かし、お気に入りの服を着て、きれいに見えるようにしていること——は、なんとも楽しかった。ジャッキーは、トニとティムがいることを神に感謝した。

＊＊＊

　トニは足を湿った砂の中にさらに押し込んだ。まだ家には帰りたくなかった——考えることがあまりにもたくさんあったのだ。家ではママがせわしなく駆けまわり、歌いながら、掃除をし、ティムに会う準備をして、すっかりうきうきしているだろう。ママみたいな年でそんなに舞い上がるなんて！ トニは、それは(6)ちょっと目に余ると思った。ちょっと哀れなほどだった。とはいえ、ティムは素敵な人だ。それは認めざるをえない。彼女は心の半分ではママに恋人がいて本当によかったと思っていたが、もう半分では恥ずかしかった。やっぱり、まだすぐには家に戻るまい。

　(7)彼女はビーチを見渡し、誰もいないことにほっとした。このワンピースを着ているところを人に見られるのがいやだったのだ。それはあまりに派手で、

125

▶ Chapter 4

女の子女の子している。彼女は土曜日のアルバイトに応募したところだったが、ママにこれを着させられたのだ。「この服は素敵だし、着るととってもきれいに見えるわ。いい印象を与えるのは大事よ」と、ママは言った。まあ、確かにアルバイトには採用してもらえた。ママは今その知らせを聞きたくて待っているだろうし、聞いたらまるで自分が賞か何かを取ったように大喜びするだろう。彼女は時々、ママが何かあるごとにそこまで大騒ぎしなければいいのにと思った。しかし、いいことが1つあった。今度は自分のお金をいくらか持てるだろうから、気分を変えるための服をいくらか買える。

1つ確かなことがあった。今夜このワンピースは着ない！ママに外出させてもらえるよう家を出る時には着るけれど、クリッシーの家で着替えるのだ。すべてがちょっとばかり込み入っていた —— 今までは (8)こんなことをする必要はなかった。ママからダンスパーティーに行く許可を得るだけでも十分に面倒だったのだ。

「様子を見てくれる大人はいるの？」「お酒は出るの？」「何時に終わるの？」と、延々と聞かれた——まるで警察の取り調べだ。ほかの子の親は、ママのようにはうるさくしない。でも、少なくとも、行くことは許可してもらった。ビーチクラブへ行くのは初めてだ！

クリッシーは、親に許可を得る必要すらないと言った。「ママと彼氏が寝ちゃってから、窓から出なよ。どうせ遅くなってからじゃないと盛り上がらないし」と彼女は勧めた。しかしトニは、最初からそんなことはできなかった。いずれにせよ、トニが非常に言葉巧みに話したおかげで、ママはオーケーしてくれた。彼女はいくつかうそをつかなければならなかったが、ついにはママも納得して受け入れた。「クリッシーのご両親が連れていってくれるの。5組の親がその場についていて、お酒は禁止。11時半には帰るから」

最後のうそが特にバツが悪かった。11時半なんてありえない！でも、一旦家を出ればママにはもうわかりようがない。トニは、砂の中に足をさらに深くねじ込んだ。彼女は自分のついたすべてのうそがちょっとばかり気がかりだった。でも、どうして心配なんかする必要があるの？誰だってやらなきゃいけないことじゃない。でないと、どこにも行けやしない。クリッシーを見てごらんよ。(9)この1年間、クリッシーはうまくやってきた（うそがばれずにやってきた）じゃないの、とトニは思った。

<語句>

- ☐ idly　気だるげに　☐ figure　姿　☐ in secret　密かに　☐ surge　急上昇
- ☐ run in and out　出入りする　☐ be a lack of ～　～が足りない
- ☐ whatsoever　どんなものであれ　☐ glance up　ちらっと見上げる
- ☐ arrangement　約束　☐ pitiful　かわいそうな　☐ for sure　確実に
- ☐ permission　許可　☐ supervision　監督　☐ uneasy　不安な

▶ Chapter 4

《実践問題２》

次の文章を読み、以下の問いに答えよ。

　When I was eleven, I took violin lessons once a week from (1)a Miss Katie McIntyre. She had a big sunny fourth-floor studio in a building in the city, which was occupied below by dentists, paper suppliers, and cheap photographers. It was approached by an old-fashioned lift that swayed dangerously as it rose to the fourth floor, which she shared with the only (2a) occupant, Miss E. Sampson, a spiritualist who could communicate with the dead.

　I knew about Miss Sampson from gossip I had heard among my mother's friends. The daughter of a well-known doctor, she had gone to Clayfield College and been clever and popular. But then her gift appeared — that is how my mother's friends put it, just declared itself out of the blue, without in (2b) way changing her cleverness or good humour.

　She came to speak in the voices of the dead: little girls who had been murdered in suburban parks, soldiers killed in one of the wars, lost sons and brothers. Sometimes, if I was early for my lesson, I would find myself riding up with her. Holding my violin case tightly, I pushed myself hard against the wall of the lift to make room for (3)the presences she might have brought into the lift with her.

　It was odd to see her name listed so boldly — "E. Sampson, Spiritualist" — in the entrance hall beside the lift, among the dentists, photographers, and my own Miss McIntyre. It seemed appropriate, in those days, that music should be separated from the everyday business that was being carried on below — the whizzing of dentists' drills and the making of passport photos for people going overseas. But I thought of Miss Sampson, for (2c) her

▶東大長文対策 (2) 〜物語・エッセイ〜

sensible shoes and businesslike suits, as a kind of fake doctor, and was sorry that (4)Miss McIntyre and classical music should be associated with Miss Sampson and with the troops of sad-eyed women (they were mostly women) who came all the way to her room and shared the last stages of the lift with us: women whose husbands might have been bank managers — wearing smart hats and gloves and tilting their chins a little in defiance of their having at last reached this point; other women who worked in hospital kitchens or offices, all decently gloved and hatted now, but (5)looking scared of the company they were in and the heights to which the lift brought them. They tried to hang apart, using their elbows in a ladylike way, but using them, and saying politely "Pardon," or "I'm so sorry," when the crush brought them too close.

On such occasions the lift, loaded to capacity, made heavy work of it. And it wasn't, I thought, simply the weight of bodies (eight persons only, a notice warned) that made the old mechanism grind in its shaft, but the weight of all that sorrow, all that hopelessness and last hope, all that dignity in the privacy of grief. We went up slowly.

Sometimes, in the way of idle curiosity (if she could have had such a thing), Miss Sampson would let her eyes for a moment rest on me, and I wondered hotly what she might be seeing beyond a small eleven-year-old. Like most boys of that age I had much to conceal. But she appeared to be looking at me, not through me. She would smile, I would respond, and, clearing my throat to find a voice, I would say in a well-brought-up manner that I hoped might fool her and (6)leave me alone with my secrets, "Good afternoon, Miss Sampson." Her own voice was as unremarkable as an aunt's: "Good afternoon, dear."

It was therefore (7)all the more alarming, as I sat waiting on one of the chairs just outside Miss McIntyre's studio, while Ben Steinberg, her star pupil, played the Max Bruch, to hear the same voice, oddly changed,

129

▶ Chapter 4

coming through the half-open door of Miss Sampson's office. Though much above the breathing of all those women, it had stepped down a tone — no, several — and sounded as if it were coming from another continent. It was an Indian, speaking through her.

It was a being I could no longer think of as the woman in the lift, and I was reminded of something I had once seen from the window of a railway carriage as my train sat steaming on the line: three old men behind the glass of a waiting room and the enclosed space shining with their breathing like a jar full of fireflies. It was entirely real, but the way I saw them changed that reality, making me so impressionably aware that (8)<u>I could recall details I could not possibly have seen at that distance or with the naked eye</u>: the greenish-grey of one old man's eyes, and a stain near a shirt collar. Looking through into Miss Sampson's room was like that. I saw too much. I felt dizzy and began to sweat.

There is no story, no set of events that leads anywhere or proves anything — no middle, no end. Just a glimpse through a half-open door.

(1) 下線部 (1) にある不定冠詞の a の用法と同じものを次のうちから一つ選び、その記号を記せ。

ア The car in the driveway looked like a Ford.
イ All who knew him thought he was an Edison.
ウ A Johnson came to see you while you were out.
エ At that museum I saw a Picasso for the first time.
オ She was an Adams before she married John Smith.

(2) 空所 (2a)、(2b)、(2c) を埋めるのに最も適切な単語を次のうちから一つずつ選び、その記号を記せ。

| ア all | イ another | ウ any | エ different |
| オ every | カ no | キ none | ク other |

130

| ケ same | コ some | サ that | シ those |
| ス what | セ which | | |

(3) 下線部 (3) と最も意味が近い、2 語からなる別の表現を文中から抜き出して記せ。

(4) 下線部 (4) の意味に最も近いものを次のうちから一つ選び、その記号を記せ。

ア Miss McIntyre and classical music should be involved in Miss Sampson's business

イ Miss McIntyre and classical music should be influenced by someone like Miss Sampson

ウ Miss McIntyre and classical music should be looked down on even more than Miss Sampson was

エ Miss McIntyre and classical music should be coupled with someone as unrespectable as Miss Sampson

オ Miss McIntyre and classical music should be considered to be as unprofessional as Miss Sampson

(5) 下線部 (5) の意味に最も近いものを次のうちから一つ選び、その記号を記せ。

ア seeming frightened of the other women in the lift and of how high the lift was rising

イ looking fearfully at the other women in the lift, which went up to the fourth floor

ウ showing their fear of the unfamiliar women in the lift, which brought them to a high floor

エ looking anxiously at the other passengers in the lift, frightened because the lift seemed to go up forever

オ apparently feeling frightened of the company which employed them and the heights to which the unsteady lift rose

(6) 下線部(6)の意味として、最も適切なものを次のうちから一つ選び、その記号を記せ。
ア hide my feeling of guilt
イ let me enjoy being alone
ウ assure her of my good manners
エ keep her from reading my mind
オ prevent her from telling others my secrets

(7) 下線部(7)の表現がここで用いられている理由として、最も適切なものを次のうちから一つ選び、その記号を記せ。
ア Because Miss Sampson usually spoke in a mild voice.
イ Because Ben Steinberg heard the same voice oddly changed.
ウ Because more and more people were afraid of Miss Sampson's voice.
エ Because the piano in Miss McIntyre's studio sounded as if it were far away.
オ Because Miss Sampson could be heard more easily than all the other women.

(8) 下線部(8)を和訳せよ。

2013 年度

▶東大長文対策 (2)　〜物語・エッセイ〜

<解答例>
(1) ウ　　(2) (2a) ク　　(2b) ウ　　(2c) ア　　(3) the dead
(4) エ　　(5) ア　　(6) エ　　(7) ア　　(8) 和訳の下線部参照

<なぜこの問題が重要か？>
　この問題は「物語やエッセイであっても、まずは英文法の知識が絶対」と言わんばかりに、**文法の知識を最大限に駆使して解く問題**がいくつも出てきます。しかも「冠詞 a の用法」「could have + 過去分詞の 2 つの意味」など、「東大はこんな知識まで求めてくるのか」ということがはっきりうかがえます。

<解説>
(1)
　純粋な文法問題です。まず下線部は、a Miss Katie McIntyre で「ケイティ・マッキンタイアさんという人」となります。
　a は「任意の 1 つ」を表わし、a が固有名詞に付くことでいろいろな意味を持ちます。その 1 つがこの「〜という人」という意味です。冠詞 a が持つ「不特定な感じ」が醸し出されています。これと同じ用法は、「**ウ　A Johnson came to see you while you were out.**」の A Johnson（ジョンソンという人）です。選択肢全体の意味は「君が外出中に、ジョンソンという人が君に会いに来たよ」です。

ほかの選択肢
ア　The car in the driveway looked like a Ford.（車道を走っているその車はフォード社の製品のようだった）

　a Ford で「フォード社の製品」という意味です。「フォード社がたくさん作っている車の 1 つ」ということです。数年前ですが、Do you have a HONDA? という CM のキャッチコピーがありました。「ホンダ車、乗ってる？」くらいの意味です。

イ　All who knew him thought he was an Edison.（彼を知っているすべての人は、彼はエジソンのような人だと思った）

▶ Chapter 4

　an Edison で、「複数いるエジソンみたいな人の1人」→「エジソンのような人」となります。

　エ　**At that museum I saw <u>a</u> Picasso for the first time.**（その美術館で私は初めてピカソの作品を見た）

　a Picasso は「ピカソのような人」とも解釈できますが、この文脈では「ピカソの作品」が自然です。アと同じ発想です。

　オ　**She was <u>an</u> Adams before she married John Smith.**（彼女はジョン・スミスと結婚する前はアダムズという姓だった）

　これは文法書には載っていない用法ですから、少し考えてみましょう。a（an）はあくまで「たくさんあるうちの1つ」ですから、「（スミスという姓の人と結婚する前は）たくさんいるアダムズのうちの1人」→「アダムズ家の人間、旧姓がアダムズ」になります。

(2)
(2a)

> she shared with the only (2a) occupant, Miss E. Sampson, a spiritualist who 〜

　バイオリン教室のある4階で、霊媒師のサンプソンさんが唯一の「ほかの」入居者と考え、**「ク other」**を選びます。「イ another」は、本来 an+other ですから、空所の直前に the only があっては使えません（the と an が並列してしまうので）。

(2b)

> without in (2b) way changing her cleverness or good humour.

　without -ing の形で、その間に in (2b) way が挿入されています。way に冠詞（もしくは冠詞に相当する単語）がありません。さらに、without には否定要素が含まれているので、空所には**「ウ any」**を入れます。「どんな点におい

▶東大長文対策 (2) 〜物語・エッセイ〜

ても〜を変えることなく」の意味になります。

(2c)

> I <u>thought of</u> Miss Sampson, for (2c) her sensible shoes and businesslike suits, <u>as a kind of fake doctor,</u>

　think of A as B（AをBとみなす）という形で、その間に for (2c) her sensible shoes and businesslike suits が挿入されています。think of A as B の部分では、A（Miss Sampson）は B（a kind of fake doctor［偽医者］）であると、マイナス評価を下しています。

　一方、挿入部分は sensible shoes and businesslike suits でプラス評価です（sensible は「目的にかなった、きちんとした」、businesslike は「事務的な、能率的な」の意味で、カタカナ語として使われる「ビジネスライクな」等のマイナスの意味はありません）。

　マイナスとプラスをつなぐためには、「**ア all**」を選び、for all 〜（〜にもかかわらず）という熟語にします。

英語の核心！

> 　for all 〜 は基本熟語ですが、なぜ「〜にもかかわらず」の意味になるのか説明されることはなかったのではないでしょうか。
> 　この熟語のイメージは、**for** | **all 〜** | です。for は「交換」を表わすので、「すべての〜と交換しても」という直訳から「〜にもかかわらず」になりました。また、同じ意味の熟語 with all 〜 は「すべての〜を持ってしても」が直訳です。

(3)
　まず下線部(3)の前で、筆者が「怖がっている」様子が描かれています。

第3段落第3文

> Holding my violin case tightly, I pushed myself hard against the wall of the lift

135

▶ Chapter 4

次に、下線部 (3) 以下の関係代名詞 that が省略された文構造に注目します。

> for (3)the presences {that} she might have brought ☐ into the lift with her
> 　　　　　　　　　　　　　　　　　　　　　　　　↑
> 　　　　　　　　　　　　　　　本来ここに the presences があった

　she might have brought の目的語が the presences なので、「she (サンプソンさん) がエレベーターに連れ込む存在」と考えれば、それは「死者の霊」と考えられます。それを表わす 2 語を探すと、the dead があります。"the 形容詞" で「形容詞 の人々」という意味です（the dead = dead people なので、the presences と複数形になっているのも納得できますね）。設問 (1) に続いて、冠詞の知識が問われる問題です。
　※ちなみに、the young (= young people)、the rich (= rich people) などは入試の長文でもよく出てきます。

(4)
　下線部直前に sorry があるので、下線部の内容は筆者が「残念に思っていること」です。下線部の直訳は「マッキンタイア先生やクラシック音楽が、サンプソンさんと一緒にされるなんていうこと」です。
　※ここの should は、sorry の影響により生じた「感情を表わす should」です。強いて訳出するなら「〜するなんて」であって、「〜すべきだ」という意味ではありません。

　さらにこの段落の前半で、筆者が世話になっている音楽教室を持ち上げ、ほかの仕事（特にサンプソンさんの仕事）を見下すような記述があります。

第 4 段落第 1 文〜第 2 文

> It was odd to see her name listed so boldly — "E. Sampson, Spiritualist" — in the entrance hall beside the lift, among the dentists, photographers, and my own Miss McIntyre. It seemed appropriate, in those days, that music should be separated from the everyday business that was being carried on below 〜

▶東大長文対策 (2)　～物語・エッセイ～

　以上から、いちばん近い意味になる「エ　Miss McIntyre and classical music should be coupled with someone as unrespectable as Miss Sampson」（マッキンタイア先生やクラシック音楽が、サンプソンさんのような尊敬できない人間と一緒にされるなどということ）を選びます。

> **東大思考！**
>
> 　この選択肢の unrespectable という語により、本文を読んでいる時に薄々気づいていた「筆者はサンプソンさんを見下しているな」という感じが、確信に変わるわけです。「設問を通して、本文の理解を深める」東大英語の真骨頂ですね。

ほかの選択肢
ア　Miss McIntyre and classical music should be involved in Miss Sampson's business（マッキンタイア先生やクラシック音楽が、サンプソンさんの仕事に巻き込まれるなどということ）

イ　Miss McIntyre and classical music should be influenced by someone like Miss Sampson（マッキンタイア先生やクラシック音楽が、サンプソンさんのような人に影響を受けるなどということ）

ウ　Miss McIntyre and classical music should be looked down on even more than Miss Sampson was（マッキンタイア先生やクラシック音楽が、サンプソンさんが見下されているのにもまして見下されるなどということ）

オ　Miss McIntyre and classical music should be considered to be as unprofessional as Miss Sampson（マッキンタイア先生やクラシック音楽が、サンプソンさんと同じくらいプロの仕事とはいえないとみなされるなどということ）

(5)
　下線部 (5) は分詞構文です（直前の but で、all decently gloved and hatted

▶ Chapter 4

now とつなげられています)。下線部の構文を見ると、of の目的語が 2 つ and で並列されています。

looking scared of $\begin{cases} \text{the company they were in} \\ \text{and} \\ \text{the heights to which the lift brought them} \end{cases}$

したがって、「おびえているもの」は the company they were in と the heights to which the lift brought them です。
company にはいろんな意味があることはよく知られていますし、東大受験者には「仲間、一緒にいる人」という意味は常識でしょう。
以上から、下線部(5)と同じ意味になるのは「**ア　seeming frightened of the other women in the lift and of how high the lift was rising**」(エレベーターの中のほかの女性たちとエレベーターの高さにおびえているようで) と判断できます。

構文も下線部(5)そのままで、語句が3箇所置き換えられています (looking scared of → seeming frightened of / the company they were in → the other women in the lift / the heights to which the lift brought them → how high the lift was rising)。

ほかの選択肢
イ　looking fearfully at the other women in the lift, which went up to the fourth floor（エレベーターの中のほかの女性たちに怖そうに目を向け、またそのエレベーターは 4 階まで上昇した）

本文は looking scared of（おびえているように見える）で、SVC（が分詞構文になったもの）です。ところがイは looking fearfully at（怖そうに目を向ける）で、英文の構造がまったく違います（look at の間に、副詞 carefully が入った形です）。

ウ　showing their fear of the unfamiliar women in the lift, which brought them to a high floor（エレベーターの中の見知らぬ女性たち

▶東大長文対策 (2) 〜物語・エッセイ〜

を怖がり、またそのエレベーターは彼女らを乗せて高層階まで上昇した）

かなり迷う選択肢ですが、下線部(5)の「(and による並列で) 怖がるものが2つある」という内容と、少しズレています。この選択肢では、エレベーターの記述が（関係代名詞を使った）補足説明のみで、「高さが怖い」とは示されていません。また、この選択肢にある unfamiliar という要素も下線部(5)にはありません。

エ　looking anxiously at the other passengers in the lift, frightened because the lift seemed to go up forever（エレベーターの中のほかの乗客を不安げに見て、またエレベーターが永遠に上昇するように思えたのでおびえて）

looking anxiously at が、イと同じ理由で違いますね。

オ　apparently feeling frightened of the company which employed them and the heights to which the unsteady lift rose（彼女らを雇った会社とぐらぐらするエレベーターの上昇する高さにおびえているようで）

the company which employed them は、company を「会社」と解釈しているので間違いです。

英語の核心！

company の com は「一緒に」、pany は「パン」のことで、「一緒にパンを食べる（食事をする）仲間」と考えてください。また、company の下線部は「コンパ」と読めます。よく大学生が「仲間が集まってお酒を飲みにいくこと」を「コンパ」と言うのはそのためです。

ここで1つ注意点があります。company は、この問題のように「仲間、一緒にいる人」という意味ばかり強調されますが、**「仲間と一緒にいること」という状態の意味**でもよく使われます。たとえば I enjoyed your company. で「ご一緒できて楽しかったです」という意味になります。

▶ Chapter 4

> ちなみに、「会社」の意味は「同じ目的で働く仲間」から発展しました。

(6)
まず構文を確認しましょう。

I would say (in ~ (6)leave me alone with my secrets), "Good afternoon, Miss Sampson."
　　　　V　　　　　　　　　　　　　　　　　　　　　　　　　O

say の目的語はだいぶうしろにある "Good afternoon, Miss Sampson." です。その間にある in ~ の副詞句の中に下線部 (6) があるわけです。

▼ in で始まる副詞句の構造

in a well-brought-up manner
[that I hoped {that} ▢ might { fool her
**　　　　　　　　　　　　　　　　and**
**　　　　　　　　　　　　　　(6) leave me alone with my secrets]**

　hoped のあとに接続詞 that が省略されています。そして、fool と leave が and で並列され、（その 2 つの動詞の）主語が関係代名詞の先行詞になっているわけです。
　したがって、下線部 (6) は、「筆者が望んでいる (I hoped) 内容」で、fool her（彼女をだます）と同列に置かれるようなことだといえます。
　下線部を直訳すると「私が秘密を持った状態で、私をほったらかしにする」になるので、全体では「彼女をまんまとだまし、**秘密がばれないことを期待するようなきちんとした方法で**」といった意味になります。これに近いのは、「**エ keep her from reading my mind**」（彼女が私の心を読めないようにする）です。keep ▢人▢ from –ing （▢人▢ が~するのを妨げる）の形ですね。

▶東大長文対策 (2)　〜物語・エッセイ〜

ほかの選択肢
ア　hide my feeling of guilt（罪悪感を隠す）
イ　let me enjoy being alone（ほっといてもらう）
ウ　assure her of my good manners（よいマナーで行動すると彼女に約束する）
オ　prevent her from telling others my secrets（彼女がほかの人たちに自分の秘密をばらすのを防ぐ）

オだと「彼女がすでに自分の秘密を知っている」という前提になってしまいます。

(7)
まず下線部の all the more は「その分だけますます」という意味です。

英語の核心！

以下の文は、英文法の「比較」の項目で必ず出てくる例文です。

I like him all the better for his faults.（欠点があるからなおさら私は彼が好きだ）

この all the better for 〜 を熟語として丸暗記してしまっては、東大には通用しません。きちんと理解していきましょう。

まず all は単に強調するだけです（省略可能）。the は専門用語で「指示副詞」と呼ばれ「その分だけ」という意味になります。そして、for 以下は「理由」を表わします。全体として「〜を理由に、その分だけますます」という意味になるわけです。

この "for 名詞" は、"because + sv" という節になることは有名ですが、さらに because 節が独立して、前後の文脈に溶け込んでしまうこともよくあります。

▶ Chapter 4

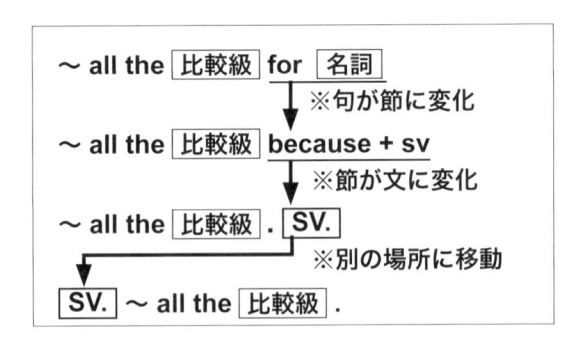

```
～ all the 比較級 for 名詞
              ↓ ※句が節に変化
～ all the 比較級 because + sv
              ↓ ※節が文に変化
～ all the 比較級 . SV.
              ↓ ※別の場所に移動
SV. ～ all the 比較級 .
```

　ここではまさに「理由が前後に溶け込んだ」例で、下線部(7)の前で「サンプソンさんの声は aunt のように unremarkable」だと言っています。
　※ aunt は「親戚のおば」以外に、「年配女性（おばさん）」の意味もあります。実際ここでは an aunt's となっています。設問(1)の解説で説明したように、a (an) は「任意の1つ」ですよね。「世にたくさんいるおばさん（の1人）」ということです。また、remarkable が「目立った」という意味なので、unremarkable は「普通の、平凡な」と考えられますね。

　下線部(7)の直後は、「ある日半開きのドアから偶然耳にした声があまりにも変わっていた」ということです。
　以上を踏まえると、all the more の意味は「ただでさえそんな声を聞いたら驚きなのに、それが普段は普通のおばさんの声だけに、その分だけますます驚きだ」ということです。ここまできちんと解釈すれば、正解は、「ア　Because Miss Sampson usually spoke in a mild voice.」（サンプソンさんはたいていやわらかな声で話していたから）だとすぐにわかります。

ほかの選択肢
　イ　Because Ben Steinberg heard the same voice oddly changed.
　　（ベン・ステインバーグさんが奇妙に変わった同じ声を聞いたから）
　ウ　Because more and more people were afraid of Miss Sampson's voice.（より多くの人がサンプソンさんの声を怖がるようになったから）
　エ　Because the piano in Miss McIntyre's studio sounded as if it were far away.（マッキンタイア先生の教室のピアノの音色が、それがまるでとても遠くにあるかのように響いたから）

オ　Because Miss Sampson could be heard more easily than all the other women.（サンプソンさんの声はほかのあらゆる女性より聞き取りやすかったから）

(8)
● 構文の確認

I could not possibly have seen の直前に関係代名詞が省略されています。

> **I could recall details {that} I could not possibly have seen ☐ at that distance or ～**
> 　　　　　　　　　　　　　　　　　　　　　　↑
> 　　　　　　　　　　　　　　　　　本来ここに details があった

● 2つある could の用法

　下線部(8)の前の文は過去形で書かれていますから (It <u>was</u> entirely real, but the way I <u>saw</u> them <u>changed</u> that reality)、この下線部も基本的に時制の一致を受けます。よって、最初の could は「できた」という能力を表わす can の過去形ととらえていいでしょう。

　しかし、うしろの could は注意しないといけません。結論から言うと、この **could not have + 過去分詞（〜したはずがない）**は、「過去に向けた推量」を意味します。また、**possibly** は「**can / could の否定文を強調する**」働きがあります。したがって、could not possibly have seen で「絶対に見えたはずがない」という意味になります。

> **英語の核心！**
>
> 　「can't have + 過去分詞」であれば「〜したはずがない」という「過去に向けた推量」になるのは常識ですが、「couldn't have + 過去分詞」にも同じ用法があるのをご存知でしょうか？　助動詞の過去形を使った表現はややこしい上に、文法書でもまとめられていないことがほとんどなので、ここで整理しておきましょう。次ページの表は、この問題のような下線部和訳で威力を発揮するはずです。

▶ Chapter 4

▼「助動詞の過去形 ＋ have ＋ 過去分詞」の判別表

	仮定法	過去に向けた推量	後悔
would have ＋ 過去分詞	◎ 「〜だったろうに」	△ 「〜だったろう」	×
could have ＋ 過去分詞	◎ 「〜できただろうに」	○ ≒ may have ＋ 過去分詞 「〜だったかもしれない」	×
couldn't have ＋ 過去分詞	◎ 「〜できなかっただろうに」	◎ ≒ can't have ＋ 過去分詞 「〜だったはずがない」	×
might have ＋ 過去分詞	○ 「〜したかもしれないのに」	○ ≒ may have ＋ 過去分詞 「〜だったかもしれない」	×
should have ＋ 過去分詞	△ 「〜だったろうに」 ※１人称主語の時のみ	○ 「〜したはずだ」	◎ 「〜すべきだったのに」
shouldn't have ＋過去分詞	△ 「〜ではなかっただろうに」 ※１人称主語の時のみ	×	◎ 「〜すべきではなかったのに」

※◎は「超重要」、○は「重要」と考えてください。△は「まれな用法」、×は「原則存在しない」ということです。

▶東大長文対策 (2)　〜物語・エッセイ〜

●自然な日本語をめざす

　at that distance or with the naked eye の訳し方には少し工夫が必要です。

　not A or B は「A でも B でもない」と訳すことはよく知られていますが、この用法の延長として、not A or B には**「A でないし、まして B でさえない」**という意味も多くの辞書に載っています。中にはその意味をハッキリさせるために、not A or even B となることもあります。ここではこの意味と考えて、「その距離から、まして肉眼でなんて、絶対に見えたはずがない」とします。「その距離から、それか肉眼で」なんて訳は変ですよね。

【解答例】　その距離から、まして肉眼でなんて、絶対に見えたはずがない細かいところまで思い出すことができた。

▰ 東大思考！▰

　この下線部 (8) は、「東大受験生だからこそ難しく感じる」ポイントがあります。それが 2 つの could です。英語が苦手な受験生なら could を見た瞬間に「できた」という意味を最初に考えますが、東大受験者にそんな人はいないでしょう。

　「助動詞の過去形」を見たら、まずは「仮定法ではないか？」と考えるのが筋の良い見方です。特に、2 つめの「could not have + 過去分詞」に関しては、何も疑わず仮定法と思い込んだ人、最後まで仮定法と迷った人も相当いたはずですし、東大が狙っているのもまさにそこでしょう。

　仮定法なのか過去に向けた推量なのかは意味で判断するしかありません。もし I could not possibly have seen を仮定法と考えると、和訳は「（あくまで仮の話だが）見えなかった細かい点（しかし実際には見えた）」となってしまいます。「実際には見えなかった」のですから、この解釈は成立しないのです。

　こういう問題は、従来は「標準問題」と分類されがちですが、正解にいたるまでの東大受験者の試行錯誤を考えれば、十分に難問ですよね。この問題で迷った人、それは東大が求めている思考法なのです。迷った結果、「仮定法」とミスしてしまった人は前ページの表をしっかりチェックしておきましょう。「could have + 過去分詞」には「過去に向けた推量」の用法もあるのです。東大はその知識まで求めているのです。

▶ Chapter 4

<和訳>

　11歳の頃、私は週に1度 (1)ケイティ・マッキンタイアさんという人からバイオリンのレッスンを受けていた。彼女の教室は市内のビルの4階で、広くて日当りがよく、下の階には歯医者、製紙販売会社や廉価な写真店などが入っていた。上階へはエレベーターを使うのだが、時代遅れの代物で4階まで上がるたびに危なっかしげに揺れていた。4階はマッキンタイアさん以外には、E・サンプソンさんという、死者と交流できる霊媒師がいるだけだった。

　サンプソンさんのことは、母の友人たちから噂で聞いて知っていた。有名な医者の娘で、クレイフィールド大学へ通っていた当時は賢くて人気があったらしい。だがそれから、母の友人の表現によると――彼女の才能が開花したのだ。それはまったく突然に現われた才能だったが、それで彼女が知性やユーモアのセンスを損なうことはなかったそうだ。

　彼女は死者の声で話すようになった。郊外の公園で殺された少女や、いずれかの戦争で死んだ兵士、行方不明の息子や兄弟などだ。時々、私がレッスンに早く着くと、エレベーターで彼女と一緒になることがあった。私はバイオリンのケースをしっかりと抱え、彼女がエレベーター内にともなっているかもしれない (3)霊たちに場所をあけるため、エレベーターの壁にぴったりと貼りついていた。

　玄関ホールのエレベーター脇に、歯科医や写真屋と私の先生であるマッキンタイアさんの名前と並んで、彼女の名前――「E・サンプソン、霊媒師」――がさも堂々と記されているさまは奇妙だった。当時、私には、音楽は下の階で行なわれていたありふれた仕事とは区別するのが適切だと思えた。ありふれた仕事とは、うるさい歯科用ドリルを回すことや、渡航する人々のためにパスポート写真を製作することなどだ。しかし、きちんとした靴やぱりっとしたスーツを身につけていても、私にはサンプソンさんが偽医者のように見え、(4)マッキンタイアさんとクラシック音楽がサンプソンさんと一緒くたにされているのは残念だった。さらには、悲しそうな目をした一群の女性たちと一緒にされてしまうのも残念だった（来るのはほとんどが女性だった）。この人たちは、サンプソンさんのところにはるばるやって来て、私たちと一緒に4階までエレベーターで行くのだ。銀行の支配人の夫人のようないでたちで、おしゃれな帽子と手袋を身につけ、ついにここまで来てしまった事実にあらがうように顎をわずかに上げている女性たちもいれば、病院の調理場や事務所で働いていて、今はきちんと手袋と帽子を身につけているものの、(5)その場にいる人たちやエレベー

ターの上っていく高さにおびえているような女性たちもいた。混みあってまわりとくっつきそうになる時は、彼女たちは女性らしいやり方ではあるが肘を使い、礼儀正しく「失礼」とか「すみません」などと言って、密着を避けようとした。

そんな時、満員のエレベーターは動きが鈍くなった。その古い機械がシャフトの中で軋んでいたのは単に人体の重さゆえではなく（注意書きによれば定員は8人だった）、その悲しみ、絶望と最後の望み、秘めた悲嘆からくる威厳などの重みのせいかもしれない、と私は思っていた。エレベーターはゆっくりと上昇した。

サンプソンさんは時々、ふと好奇心（彼女にそんなものがあるとして）から私をちらっと見ることがあって、彼女が11歳の子供の頭の中を見透かしているのではないかと気が気ではなかった。その年頃の少年の例にもれず、私にも隠しごとが山ほどあったのだ。しかし彼女は、私を見透かすのではなく、ただ見ているだけらしかった。彼女が微笑むと私もそれに応え、声を出すために咳ばらいし、「こんにちは、サンプソンさん」と礼儀正しく言って、それで彼女がごまかされて (6)私の秘密にかまわないでくれるよう願っていた。「こんにちは」と答える彼女自身の声は、そこらへんのおばさんのように平凡だった。

だから、マッキンタイアさんの自慢の生徒であるベン・スタインバーグがマックス・ブルッフの曲を弾くあいだ、私が教室の外の椅子に座って待っている時、サンプソンさんの部屋の半開きのドアの隙間からその同じ声が奇妙に変化して聞こえてきたのには、(7)なおさらぎょっとさせられた。そこにいた女性たち全員の息づかいよりもかなり大きいにもかかわらず、彼女は明らかに声をちょっと低く、いや、かなり低くしていて、それはあたかも別の大陸から聞こえてくるようだった。インド人が彼女を通じて話していたのだった。

もはやエレベーターで会った女性と同じ人とは思えなかった。私は以前に汽車の客車の窓から見た光景を思い出した。乗っていた汽車が蒸気を吐きながら線路上に停車していた時のことだ。待合室のガラス越しに3人の老人が見えた。その閉ざされた空間が彼らの息で明るくなるさまは、まるで瓶の中にホタルがいっぱいいるかのようだった。これはすべて現実のことだが、自分の見方によってその現実をゆがめ、多感に物事を感じ取ってしまったようで、1人の老人の緑がかった灰色の目や、シャツの襟の近くの染みなど、(8)その距離から、まして肉眼でなんて、絶対に見えたはずがない細かいところまで思い出すことができた。サンプソンさんの部屋を覗き見ることは、あの感じに似ていた。私はあ

▶ Chapter 4

まりに多くを見すぎたのだ。私はめまいを感じて、汗をかき始めた。
　この話は、別にストーリーはなく、特別な出来事もなく、結論もなく何がわかるわけでもない。途中もなければ終わりもない。ただ半開きのドアから垣間見た光景だけだ。

<語句>
☐ old-fashioned　時代遅れの　☐ sway　揺れる　☐ spiritualist　霊媒師　☐ out of the blue　突然に　☐ tightly　しっかりと　☐ boldly　力強く　☐ whiz　ぶーんと音を立てる　☐ troop　集団・部隊　☐ all the way　はるばる　☐ tilt　傾ける　☐ defiance　反抗　☐ decently　きちんと・礼儀正しく　☐ grind　きしむ　☐ sorrow　悲しみ　☐ dignity　尊厳　☐ grief　悲しみ　☐ pupil　少年　☐ continent　大陸　☐ firefly　ホタル　☐ stain　染み　☐ feel dizzy　めまいがする

《実践問題３》

次の英文を読み、以下の問いに答えよ。

　A few months ago, as I was walking down the street in New York, I saw, at a distance, a man I knew very well heading in my direction. The trouble was that I couldn't remember his name or where I had met him. This is one of those feelings you have especially when, in a foreign city, you run into someone you met back home or the other way around. A face out of (1a) creates confusion. Still, that face was so familiar that, I felt, I should certainly stop, greet and talk to him; perhaps he would immediately respond, "My dear Umberto, how are you?" or even "Were you able to do that thing you were telling me about?" And I would be at a total loss. It was too late to (2) him. He was still looking at the opposite side of the street, but now he was beginning to turn his eyes towards me. I might as well make the first move; I would wave and then, from his voice, his first remarks, I would try to guess his identity.

　We were now only a few feet from each other, I was just about to break into a big, broad smile, when suddenly I recognized him. It was Anthony Quinn, the famous film star. Naturally, I had never met him in my life, (3). In a thousandth of a second I was able to check myself, and I walked past him, my eyes staring into (1b).

　Afterwards, reflecting on this incident, I realized how totally (4) it was. Once before, in a restaurant, I had caught sight of Charlton Heston and had felt an impulse to say hello. These faces live in our memory; watching the screen, we spend so many hours with them that they are as familiar to us as our relatives', even more (5)<u>so</u>. You can be a student of mass communication, discuss the effects of reality, or the confusion between the real and the imagined, and explain the way some people fall permanently into this confusion — but still you cannot escape the same confusion yourself.

My problems with film stars were all in my head, of course. (6)But there is worse.

I have been told stories by people who, appearing fairly frequently on TV, have been involved with the mass media over a certain period of time. I'm not talking about the most famous media stars, but public figures, and experts who have participated in talk shows often enough to become recognizable. All of them complain of the same unpleasant experience. Now, (7), when we see someone we don't know personally, we don't stare into his or her face at length, we don't point out the person to the friend at our side, we don't speak of this person in a loud voice when he or she can hear us. Such behavior would be impolite, even offensive, (8). But the same people who would never point to a customer at a counter and remark to a friend that the man is wearing a smart tie behave quite differently with famous faces.

My own relatively famous friends insist that, at a newsstand, in a bookstore, as they are getting on a train or entering a restaurant toilet, they run into others who, among themselves, say aloud,

"Look, there's X."

"Are you sure?"

"Of course I'm sure. It's X, I tell you."

And they continue their conversation happily, (9)while X hears them, and they don't care if he hears them: it's (10a)as if he didn't exist.

Such people are confused by the (1c) that a character in the mass media's imaginary world should unexpectedly enter real life, but at the same time they behave in the presence of the real person as if he still belonged to the world of images, as if he were on a screen, or in a weekly picture magazine. (10b)As if they were speaking in his (10).

I might as well have taken hold of Anthony Quinn by the arm, dragged him to a telephone box, and called a friend to say,

"Guess what! I'm with Anthony Quinn. And you know something? He seems real!" (11)After which I would throw Quinn aside and go on about my business.

The mass media first convinced us that the (12a) was (12b), and now they are convincing us that the (12b) is (12a); and the more reality the TV screen shows us, the more movie-like our everyday world becomes — until, as certain philosophers have insisted, we think that we are alone in the world, and that everything else is the film that God or some evil spirit is projecting before our eyes.

(1) 空所 (1a) 〜 (1c) を埋めるのに最も適切な単語をそれぞれ次のうちから一つ選び、その記号を記せ。

　　ア context　　　イ fact　　　　ウ identity
　　エ sound　　　　オ space

(2) 空所 (2) を埋めるのに最も適切な表現を次のうちから選び、その記号を記せ。

　　ア catch up with　　　　　イ get away from
　　ウ take advantage of　　　エ make friends with

(3) 空所 (3) を埋めるのに最も適切な表現を次のうちから選び、その記号を記せ。

　　ア nor he me　　　　　　イ nor did he
　　ウ neither did I　　　　　エ neither had I

(4) 空所 (4) を埋めるのに最も適切な単語を次のうちから選び、その記号

を記せ。
ア foreign　　　　　　　　　イ lucky
ウ normal　　　　　　　　　エ useless

(5) 下線部 (5) の"so"は何をさしているか。7 語の英語で答えよ。

(6) 下線部 (6) で"worse"とされていることは何か。25 〜 35 字の日本語で述べよ。

(7) 空所 (7) を埋めるのに最も適切な表現を次のうちから選び、その記号を記せ。
ア as a rule　　　　　　　　イ for all that
ウ as is the case　　　　　　エ for better or worse

(8) 空所 (8) を埋めるのに最も適切な表現を次のうちから選び、その記号を記せ。
ア if carried too far　　　　　イ if noticed too soon
ウ if taken too seriously　　　エ if made too frequently

(9) 下線部 (9) の場面で、X 氏はどのように感じていたと考えられるか。最も適切なものを次のうちから選び、その記号を記せ。
ア I wonder if they've taken me for somebody else.
イ I can't believe they're talking like that in front of me!
ウ I'm curious to know what they're going to say about me.
エ I can't remember their names or where I met them. What can I do?

(10) 空所 (10) に一語を補うと、下線部 (10a) と (10b) はほぼ同じ意味になる。その単語を記せ。

(11) 下線部(11)を和訳せよ。

(12) 空所（ 12a ）、（ 12b ）を埋めるのに、最も適切な単語の組み合わせを次のうちから選び、その記号を記せ。

　　ア (a) confusion　　　　(b) real
　　イ (a) real　　　　　　 (b) confusion
　　ウ (a) imaginary　　　　(b) real
　　エ (a) real　　　　　　 (b) imaginary
　　オ (a) confusion　　　　(b) imaginary
　　カ (a) imaginary　　　　(b) confusion

2006 年度

▶ Chapter 4

<解答例>
(1) (1a) ア　　(1b) オ　　(1c) イ　　(2) イ　　(3) ア
(4) ウ　　(5) familiar to us than our relatives' faces
(6) 有名人が本人の聞こえるところで色々と噂されるような、不快な扱い。(32字)　　(7) ア　　(8) ア　　(9) イ　　(10) absence　　(11) 和訳の下線部参照　　(12) ウ

<なぜこの問題が重要か？>
　本文はまったく難しくなく、設問も簡単そうに見えます。でも「なんとなく」で読んで、「これっぽいな」という解き方をすると、ミスを連発します。この問題では、「英文をどこまで緻密に読みこめるか？」が問われているといえるでしょう。

<解説>
(1)
(1a)
　空所を含む文の意味は「A face out of (1a) が confusion を引き起こす」ということです。confusion のようなマイナスの意味を持つ単語はこの前にもあります（The trouble was that I couldn't remember his name or where I had met him. This is one of those feelings you have especially when, in a foreign city, you run into someone you met back home or the other way around.）。それをまとめたものが空所を含む文になると考えられ、正解は、**「ア context」**（前後関係、背景）となります。out of context で「前後関係がない」となります。

(1b)
　空所の前は「知り合いだと思って声をかけようと思ったその瞬間、有名人だったと勘違いに気づいた」という内容です。「そこで思いとどまって、視線を（　）に向ける」ということですから、正解は、**「オ space」**です。「その人に向けようとした視線を『何もない空間』に向けてなにごともないフリをした」ということです。

(1c)
　直後の that 節が「完全文（主語や目的語が欠けていない文）」なので、この

▶東大長文対策 (2)　～物語・エッセイ～

that は関係代名詞ではなく「同格の that」と考え、同格の that をうしろに取る**「イ fact」**を選ぶと意味も通ります。

(2)
　直前の文が I would be at a total loss. で、さらに It was too late to (2) him. と続くので、「誰だか思い出せない人に話しかけてしまった時の気まずい状況」に合うようにするには、**「イ get away from」（～から離れる）**を選べば OK です。

　　ほかの選択肢の意味
　　ア catch up with（～に追いつく）
　　ウ take advantage of（～を利用する）
　　エ make friends with（～と友人になる）

(3)
　東大英語を象徴する難問です。直前の I had never met him in my life と、選択肢を眺めた感じから、空所は「彼も私に会ったことがない」という意味になると予想されます。普通は、nor had he や neither had he になるはずですが、それが選択肢にありません。1 つずつ選択肢を吟味して、いちばん矛盾が起きないものを正解にするしかなさそうです。
　まず「時制」に注目してみましょう。直前の文は I had never met ですから、過去完了形に合わせます。
　この英文も「過去を基準」に語られているので、この過去完了形は「その基準までの経験」を表わします（102 ページ参照）。
　そうすると、「イ nor did he」と、「ウ neither did I」はおかしいですね。「イ nor did he」は、nor had he にいちばん形が似ているだけにどうしても残したくなってしまいますが、どう考えても時制が合いません。
　次に、「エ neither had I」は、時制は OK ですが、そもそも主語が I なのが変です。直前の I had never met と内容が完全に重複してしまいます。
　残った、「ア nor he me」を正解とするしかなさそうです。この選択肢は正しくない語順に見えてしまうことで、最初に消してしまいそうですが（出題者もそれを狙ったかのように、選択肢の最初に置いています）、ほかの選択肢も全部消えるので、改めてこの選択肢を吟味してみる必要があります。

155

▶ Chapter 4

　（論説文と違って）物語・エッセイなどは、くだけた文体で省略も多く使われます。特に東大の問題ではこの省略を問うことが多々あり、この選択肢が「省略」で説明がつけばいいわけです。そう考えてみると、以下のように省略が補えて、特に矛盾も起きません。

nor {had} he {met} me

had も met も直前に出てくるので「重複を避けるための省略ではないか？」と考えれば OK です。語順にも矛盾がなく、**「ア nor he me」**が正解になります。

東大思考！

　こういった問題では、「省略に気づくかどうかがポイント」と言われがちですが、それは答えありきの説明です。東大はおそらく「すぐに省略に気づく」ではなく、「まずは確実に間違っている選択肢を消していく」、そしてそのあとで「自分の持っている知識を総動員する（ここでは「省略」の知識を用いる）」という発想を受験者に求めているのだと思います。

(4)
　空所 (4) のあとは「（有名人を知人と勘違いする）ほかにも似た経験がある。何時間もスクリーンを見ているうちに有名人に慣れ親しんでくる (they are as familiar to us as our relatives')」という内容です。特に familiar に注目して、このあたりの内容をまとめたのは、**「ウ normal」**になります。

(5)
　まず基本事項として、so には「補語を受ける（補語の代わりになる）」という用法があり、さらに、more so（もっとそうだ）という形になることもよくあります。
　even more (5)so は、even が比較級を強調し「はるかにもっとそうだ」の意味になります。more が付いているわけですから、いちばん近くの（補語になっている）形容詞を探すと、すぐに familiar が見つかり、これで十分に意味が通ります。
　familiar to us as our relatives' を答えと考えますが、設問の指定は「7語」で

▶東大長文対策 (2)　〜物語・エッセイ〜

このままでは 1 語足りません。この問題は「so を具体化すること」なので、徹底的に具体化を試みてください。すると、最後の relatives' を relatives' faces にすればいいのだと気づけると思います。

(6)

　下線部 (6) の But there is worse. は「しかし（筆者の経験より）もっと悪いこともある」で、そのあとにずっと続く「有名人の経験談」のことです。

　空所 (8) の直後に But the same people who would never point to a customer at a counter and remark to a friend that the man is wearing a smart tie behave quite differently with famous faces. とあります。この「有名人だからこその苦労」を要約する問題ということになります。その内容は、具体的には第 6 段落と第 7 段落にあります。

　その辺をまとめることは東大受験生なら誰でも察しがつきます。ここで一段上の優れた答案を書けるかどうかがポイントとなります。

　But there is worse. は**比較級 worse** があるので、**than 〜 が省略**されています。

　But there is worse {than this}．（しかし [筆者の経験よりも] もっと悪いこともある）

　this は「筆者の経験」で、それについては、My problems with film stars were all in my head, of course. と言っています。つまり、筆者の場合「頭の中で起きているだけ」のことなのです。

　その「筆者の経験より悪い (worse)」と言っているのは、「有名人を見て騒ぎ立てるのが『頭の中』だけではないから」だと考えられます。つまり、「有名人の目の前で、その耳に入るように」というのがキーワードになるわけです。このキーワードを意識できるかどうかで、ほかの受験生と差をつけることができますよ。

【解答例】有名人が本人の聞こえるところで色々と噂されるような、不快な扱い。
　　　　（32 字）

▶ Chapter 4

(7)

　空所 (7) の直後には「知らない人の顔をじろじろ見ない」などの「一般論」が述べられているので、**「ア as a rule」(一般に)** を選びます。

　ちなみに、この as a rule 以下の「一般論」と、空所 (8) 直後の But 以下の「主張」が対比になっている構成です。

> 一般論
>
> Now, (**as a rule**), when we see someone we don't know personally, we don't stare into his or her face at length, we don't point out the person to the friend at our side, we don't speak of this person in a loud voice when he or she can hear us. Such behavior would be impolite, even offensive, (8).

↕

> 主張
>
> **But** the same people who would never point to a customer at a counter and remark to a friend that the man is wearing a smart tie behave quite differently with famous faces.

ほかの選択肢の意味
イ　for all that（〜にもかかわらず）
ウ　as is the case（〜の場合のように）
エ　for better or worse（良かれ悪しかれ）

(8)

　Such behavior would be impolite, even offensive, (8). は、「そのような行動（知らない人の顔をじろじろ見るなど）は、礼を欠いたものであり、もし（　　）なら不快とさえいえる」という意味になります。その Such behavior が指す部分 stare into his or her face <u>at length</u> や speak of this person <u>in a loud voice</u> などには「程度」を表わす表現が並んでいます（下線部）。「程度」を表わす選択肢は、**「ア if carried too far」(もしあまりにも度を越してしまうと)** です。

158

▶東大長文対策 (2) 〜物語・エッセイ〜

※この問題はかなり難しいので、ミスをしても仕方ありませんが、実は at length や in a loud voice といった解答の根拠になる表現があるのです。「程度」が問題にされていることに気づけば、ほかの選択肢は確実に違うと判断できます。

ほかの選択肢
　イ　if noticed too soon（もしあまりにもはやく気づかれたら）
　ウ　if taken too seriously（もしあまりにも深刻に受け取られたら）

「冗談なら噂話をしても OK」とは書かれていない以上、seriously が基準になる内容の選択肢は間違いです。

　エ　if made too frequently（もしあまりにも頻繁にされたら）

「頻度」の話も一切書かれていません。

(9)
　設問文に「X 氏はどのように感じていたと考えられるか」とあるので、その根拠はハッキリとは書かれていないはずですが、下線部とその周辺を読んで選択肢を見くらべれば消去法で解ける完全なボーナス問題です。
　あくまで「一般人の無礼な行動」について述べた選択肢は、**「イ I can't believe they're talking like that in front of me!」**（私の前で彼らがそんなふうに話すなんて信じられない！）しかありません。

ほかの選択肢の意味
　ア　I wonder if they've taken me for somebody else.（ほかの誰かと間違えているのではないかと思う）
　ウ　I'm curious to know what they're going to say about me.（彼らが私についてなんて言おうとしているのか知りたい）
　エ　I can't remember their names or where I met them. What can I do?（彼らの名前もどこで会ったかも思い出せない。どうすればいいんだろう）

▶ Chapter 4

(10)

下線部 (10a) の as if he didn't exist の意味は「まるで存在していないかのように」です。東大受験者なら、これだけで下線部 (10b) の As if they were speaking in his (　10　). の空所に入るものがわかるでしょうが、さらに決定的なヒントとして in the presence of the real person という表現が下線部 (10a) と (10b) の間にあります。ここの presence の対義語である **absence** が正解です。in one's absence で「人のいないところで」という意味です。

(11)

● 独立した文になる関係詞節

下線部先頭の After which は「前置詞＋関係代名詞」です。言うまでもなく、本当なら前に主節が必要で、SV, after which sv. の形になります。しかしこの関係詞節（after which 以下）が独立して１つの文になっているわけです。

　※この形は正式な英文とはいえませんから、英作文で書くのは避けましょう。しかし実際の会話などではかなり使われますし、リスニングで出てくることもあります。

● 差がつく答案

ここでは which の内容を明示する指示はありませんから、after which は単に「そのあとで」として OK ですが、本書を読んでいるみなさんなら、which を詳述することはもちろん、after を単に「あとで」ではなく、文脈から「〜しておきながら」にしたいところです。「そういう風にクインの話を切り出しておきながら」にできれば完璧です。

● 「基本動詞の熟語」は直訳から考える

throw 〜 aside は直訳すれば「〜を横に投げる」なので、そこから「脇に置く、ほったらかす」にすれば OK です。I would throw Quinn aside は「私はクインをほったらかしにするだろう」になります。

ちなみに、I would は仮定法です。「クインと会って電話ボックスに連れていく」ことは現実にはありえないからです。

go about 〜（〜に取りかかる、〜をする）は熟語で、その go と about の間に on が割り込んでいます（この on は副詞で「継続」を表わします）。go on about 〜 で「つづいて〜に取りかかる」となります。

business を「仕事」としては誤訳になります。この英文は「仕事とプライベー

トの対比」ではなく、「クインのことと自分のことの対比」ですから、business は「自分のこと」と訳さないといけません。この意味は、Mind your own business!（自分のことだけ気にかけろ／君の知ったことではない／大きなお世話だ）という会話表現で有名ですね。

【解答例】そういう風にクインの話を切り出しておきながら、クインのことをほったらかしにして、つづけて自分のことを話すこともあるだろう。

(12)

空所（ 12a ）、（ 12b ）がある文は The mass media で始まっているので、mass media の説明がある第 8 段落（空所（1c）のある段落）を見てみましょう。ここでは imaginary や real という単語が対立表現として登場しています。

第 8 段落第 1 文

> Such people are confused by the (1c) that a character in the mass media's imaginary world should unexpectedly enter real life, but at the same time they behave in the presence of the real person as if he still belonged to the world of images, as if he were on a screen, or in a weekly picture magazine.

ここでの the mass media's imaginary world という表現からも、「マスメディアの世界は imaginary」と考えられます。

さて、空所に入るものを考えましょう。この空所を含む文では、まず first に注目してください。「最初は」と言っている以上、「2つめは、あとでは」など「対になる表現」があるはずです。そういう視点で読めば now が見つかるはずです（時制も変わっていますね）。

▶ Chapter 4

> 「2つめは、あとでは」を予測！
>
> The mass media **first** convinced us that the (12a) was
> 　　　　　　　　　　　　　　　　　　　過去
> (12b), and **now** they are convincing us that the (12b) is
> 　　　　　　　　　　　　　　　　　　　　　　　　　現在
>
> 「2つめは、あとでは」に相当する now を発見
>
> (12a); and the more reality the TV screen shows us, the more
> 　　　　　　　　　　　　　　　　　　　　　現在
> movie-like our everyday world becomes
> 　　　　　　　　　　　　　　　現在

　さらにこの直後の部分（and the more reality the TV screen shows us, the more movie-like our everyday world becomes）は現在形なので、ここは now they are convincing us that the (12b) is (12a); の説明だとわかります。

　この文は「テレビが reality を示すほど、われわれの生活が映画のよう（=imaginary）になる」ということです。つまり「reality は imaginary につながる」という意味です。

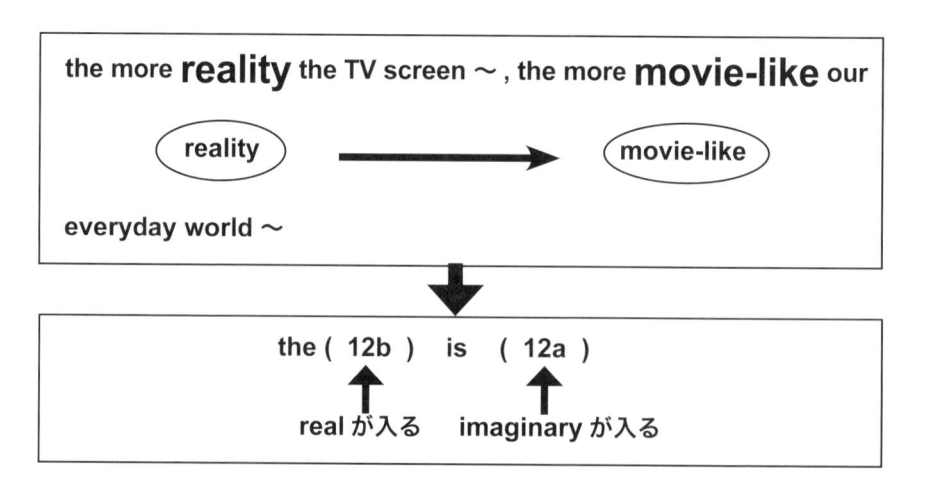

---

the more **reality** the TV screen 〜 , the more **movie-like** our

(reality) ⟶ (movie-like)

everyday world 〜

⬇

the (12b) is (12a)
　　　↑　　　　↑
　　real が入る　imaginary が入る

162

▶東大長文対策 (2) 〜物語・エッセイ〜

以上から、正解は、「ウ (a) imaginary　(b) real」となります。

<和訳>

　2、3カ月前、ニューヨークの通りを歩いていると、遠くからとてもよく知っている男性がこちらに向かって歩いてくるのが見えた。困ったことに、私は彼の名前も、どこで彼に会ったのかも思い出せなかった。こういった感覚は、地元で見知った人に外国の都市で会った時や、その逆の時などに特によく起こる。思いもよらない状況で出会ったことで混乱するのだ。しかし、彼の顔はあまりに見覚えがあったので、立ち止まって挨拶し、話しかけるべきだと思った。おそらく彼もすぐに応じて、「ウンベルト、元気かい？」とか、「先日話していた例の件はうまくいったかい？」とすら言うかもしれない。そしたら私はすっかり途方にくれるだろう。だが、彼を避けるにはもはや遅すぎた。初め彼はまだ通りの反対側を見ていたが、やがて私のほうに目を向け始めた。こちらから行動を起こしたほうがよさそうだ。手を振って、それから、彼の声や最初に言うことを聞いて、彼が誰なのかを推測しよう。

　私たちの間の距離は今や1メートルもなかった。満面の笑顔でほほ笑みかけようとしたまさにその時、突然、私は彼が誰だか気づいた。有名な映画スターのアンソニー・クインだった。当然だが、私は今までの人生で一度も彼に会ったことはないし、彼とて同様だ。私はほんの一瞬でなんとかほほ笑みを引っ込め、宙を見つめながら彼とすれ違った。

　のちにこの出来事を思い出して、私はそれがまったく自然なことだったと気づいた。かつて一度、私はレストランでチャールトン・ヘストンを見かけて、挨拶したい衝動にかられたことがあった。こういった人々は、われわれの記憶の中に生きているのだ。スクリーンを通してあまりにも長い時間彼らと時を過ごしているので、親戚と同じくらいなじみがあるというか、むしろそれ以上に (5)なじみがあるのだ。大学でマスコミュニケーションを学び、現実がおよぼす影響や現実と想像との混同を論じ合い、一部の人々が永遠にこの混乱に陥ることを説明できても、結局自分自身も同じ混乱から逃れられないのだ。

　もちろん、映画スターに関する私の問題は、すべて私の頭の中だけのことだった。(6)しかし、それでは済まない場合もあるのだ。

　私は、テレビにしょっちゅう出て一定期間マスメディアと関わった人々から話を聞いてきた。その人々とはメディア界のスターではなく、著名人や、トーク番組に何度も出て顔を知られた専門家などだ。彼らはそろって、同様の不快

▶ Chapter 4

な経験についての不満を述べている。そもそも、個人的に知らない人物に会った時には、顔を長々と見つめたり、そばにいる友人にその人を指差して教えたり、本人に聞こえるような大声でその人のことを話したりしないのが原則だ。こういった態度は失礼だし、度を越せば不快ですらある。しかし、カウンターの客を指差して「いいネクタイをしているな」と友人に言うことなど決してしないような人が、有名人に対してはまったく違う態度をとるのだ。

　比較的有名な友人たちが言うには、彼らが新聞の売店にいようが、本屋にいようが、電車に乗る時やレストランのトイレに入る時でも、まわりの誰かが声に出してこんな風に言うのだ。

「見て、Xだ」

「ほんとに？」

「間違いないよ。絶対Xだって」

　そして彼らは、(9)Xに彼らの話が聞こえているのに嬉々としてしゃべりつづけ、聞こえているかどうかすら気にしない。(10a)まるで彼がそこにいないかのように振舞うのだ。

　こういった人々は、マスメディアの虚構の世界の登場人物がふいに実生活に現われた事実にまごついているのだが、しかし同時に、実際にそこにいる人間の前で、あたかも彼がまだスクリーンの中や写真週刊誌などの虚構の世界にいるかのような態度をとっているのだ。(10b)まるで彼がいないところでしゃべっているかのようにだ。

　私はいっそアンソニー・クインの腕をつかんで、電話ボックスに引きずっていき、友人に電話をしてこう言ってもよかった。

「おい、聞いてくれよ！　今アンソニー・クインと一緒にいるんだぜ。おまけに、すごく本物っぽい感じだ！」(11)そういう風にクインの話を切り出しておきながら、クインのことをほったらかしにして、つづけて自分のことを話すこともあるだろう。

　マスメディアはまず虚構が現実だとわれわれに信じさせ、そして今、現実が虚構であるとわれわれに信じさせている。テレビ画面がわれわれにより多くの現実を見せれば見せるほど、われわれの日常生活がより映画のようになり、いつかは、ある哲学者が主張したように、われわれは世界には自分だけしかいなくて、ほかはすべて神または悪魔か何かがわれわれの眼前に映し出している映像だと思うようになるのだ。

<語句>
- run into 会う
- remark 発言
- check oneself 思いとどまる
- reflect 思い出す
- permanently 永久に
- offensive いらいらさせる
- newsstand 新聞売場
- in the presence of 〜 〜の前で
- take hold of 〜 〜をつかむ
- drag 引っ張る
- guess what ねえ ※話しかける時の表現で、直訳は「何だと思う？」
- throw aside 放棄する

CHAPTER 5

東大英作文対策

　東大の英作文はどの問題も一見すると簡単そうに見えますが、実際に自分で書いてみると、そのむずかしさがわかります。

　また、最近はとらえどころのないテーマの英作文も出題されます。そういった問題でどこに注目するのか、どのように短時間でアイディアを出すのか、受験生目線で具体的に解説していきます。

▶ Chapter 5

▶東大英作文の核心

出題分析

■ 東大英作文の「4 パターン」

東大の英作文を「形式・内容・出題意図」の点から分類すると、4つのパターンに分けられます。

(1) 和文英訳型

> 日本語をそのまま英語にする典型的な英作文。

1997年度まで出題され、それ以降の出題はないのですが、この「普通に英作文する力」は当然必要なものですから、学校の授業や問題集、過去問で出てきた時は、決して軽視することなく真剣に取り組んでください。

(2) 要約・説明型

> 日本語の文章を英語で要約、もしくは、ある事柄を英語で説明する。

まとまりのない日本語の文章や会話などを英語で要約する問題です。また、諺などを英語で説明することもあります。

(3) 意見主張型

> あるテーマに対して、自分の意見を述べる。

テーマに関しては、以下の3つのパターンがあります。

① 社会問題など

「クローン技術」などのテーマに対して、「賛成か、反対か？」を述べます。これは多くの大学で出る、典型的な自由英作文ですが、東大の場合このパターンは 2000 年度までしか出題されていません。

それ以降に出題が増えたのはこれを発展させたパターンで、あるテーマに対して「長所と短所」の両方を書くものです。しかしこれも、ある程度テーマが予想できてしまうためか、出題されなくなってきました。

② 格言、偉人の名言、諺

①の予想できるテーマの代わりに登場してきたのが、格言や偉人の名言などの抽象的な言葉や諺に関して、自分の意見を書く問題です。最近よく出されるテーマの1つです。

③ 自分について

面接で聞かれるようなテーマで、「人生における大きな決断」や「人生で学んだこと」について書きます。

(4) picture 問題

> picture（絵、写真）を見て自由に英文を書く。

ほかの大学の picture 問題とは異なり、東大の場合は一体何を意図しているのかわからない絵や写真が多く出題され、受験生を大いに苦しめています。

■ テーマは予測不可能

一般的に、自由英作文はテーマがある程度予想でき、的中することも珍しくありません。過去に東大で出題された「クローン技術」「英語の学習法」「選挙権の年齢引き下げ」などはほかの大学でも繰り返し出されているテーマです。しかし今ではこの流れは終わりました。もはや東大で出るテーマは格言や偉人の名言など予測ができないものになりました。そしてこの傾向も近いうちに変わり、別の流れになるのではないかと思います。だからといって悲嘆することはありません。ただ「100 パーセント的中する」ことがなくなっただけです。

解法研究

■ 具体的なことを書く

特に「意見主張型」の英作文で、受験生の答案を見て強く感じることは、**「具体性がない」**ということです。抽象的なテーマの場合、答案も抽象的な内容に終始する受験生が多く、まったく説得力のない、あるいは何が言いたいのかわからない答案になりがちです。決して「これによってさまざまな問題を解決できるだろう」のような終わり方をするのではなく、「どういう問題が解決できるのか、**具体的に1つくらい明示する**」必要があります。

■ picture問題でありきたりな答案を避ける

東大のpicture問題では、何を意図しているのかまったく意味不明な絵や写真がよく出されます。

また、受験者はもちろん、対策本などの解答例もありきたりで、東大受験者なら100人が100人書ける内容ばかりが模範解答になっているのが現状です。

そこでどういう風にアイディアを出せばいいのか、試験時間の中で苦しまずに人とは違う意見を出すにはどうすればいいのか（これはもはや英語の解説ではありませんが）、解説部分できちんと説明していきます。

諸注意

■ 字数の「程度」に関して

「○語程度」と書かれている場合、プラスマイナス1割はまったく問題ありません。2割となると大学の採点官次第ですが、多い分には問題ないと思われます（多くの英語の資格試験で実験済み）。

書いた英文の語数が少ないと、それは「何かポイントが欠けている。そんな少ない語数では満足な解答は書けないよ」という出題者のメッセージととらえてください。ですから、たとえば「100語程度」とあれば、「90～120語」で書けるといいでしょう。

■ 自分の「平均語数」を知っておく

　一度自分が書いた英作文で、1つの英文の語数を数えてみてください。自分が大体書きそうな長さの英文を1つ選び、**「自分の平均語数」**を知っておきましょう。おそらく 12 〜 16 語くらいになるかと思います（もちろん個人差はあります）。

　それを知っておけば、「80 語で書きなさい」と言われたら、「あ、6 つくらいの文だな」とすぐに判断でき、全体の構成が決めやすくなります。

■ 些細だけれど注意すること

　テーマに関してはその場で初めて見るものばかりでしょうから、問題文を「しっかりと」読むようにしてください。たった数行ですので、3 回でも 4 回でも読んで、指示・条件の部分には目立つように丸印を付けておきましょう（試験本番では焦っているため、つい指示・条件を忘れて書いてしまうことも少なくありません）。

　さらに東大の場合、「速く書く」ことも要求されます。採点官が読める字で書くのは当然ですが、書くスピードを上げることで 5 分くらいは確保できますよ。

▶ Chapter 5

《実践問題1》

次の文章は、あるアマチュア・スポーツチームの監督の訓話の一部である。この中の、「雨降って地固まる」という表現について、それが字義通りにはどういう意味か、諺としては一般的にどのような意味で用いられるか、さらにこの特定の文脈の中でどのような状況を言い表しているかの3点を盛り込んだ形で、60語程度の英語で説明しなさい。

昨年は、マネージャーを採用すべきであるとかないとか、補欠にも出場の機会を与えるべきだとか、いやあくまで実力主義で行くべきであるとか、チームの運営の仕方をめぐってずいぶん色々とやり合いましたけれども、「雨降って地固まる」と申しまして、それで逆にチームの結束が固まったと思います。今年もみんなで力を合わせて頑張りましょう。

2003年度

▶東大英作文対策

<解答例>
　A literal translation of this expression would be "Rainfall makes the ground firm." Figuratively, it means experiencing problems leads to a stronger, more stable situation. It is especially used to say that a relationship gets stronger after an argument. In this excerpt, the coach is using it to say that even though they had many arguments the previous year, the arguments have helped unify the team. (66 words)

<和訳>
　この表現を文字どおりに訳すと「雨が降ったあとで地面が乾いたら硬くなる」になる。この表現は、困難を経ることで、より強固で安定した状態になるということを表わす比喩である。この比喩は特に、口論をしたあとに絆が強くなることをいう時に用いられる。この話の一部では、監督はこの比喩を使い、昨年にはいろいろやり合ったが、その結果チームが結束したということを言おうとしている。

<なぜこの問題が重要か？>
　諺を説明させる問題は10年越しに出題されたこともあるので、一度は必ず対策しておく必要があります。解答例を読むと、「これくらいならすぐに書ける」と思いがちなのですが、いざ書こうとしてみると、意外と難しいものです。ここで「諺の説明」対策をしっかりしておきましょう。

<問題の分析>
● 設問の指示・条件を整理する
　「雨降って地固まる」という表現について、3つのポイントが要求されています。

　(1) 字義どおりの意味　　(2) 諺としての意味　　(3) この文脈での意味

　字数は「60語程度」なので、まずは単純に「60÷3＝20語程度を1つのポイントに費やす」と考えます。ということは、それぞれのポイントに1～2文使うことになりそうです。

▶ Chapter 5

<解答の作成>
● 「諺の説明」に便利な表現
　諺の「字義どおりの意味」と「一般的な意味」を説明する時に便利なのが、次の表現です。figurative（比喩的な）は、普通は知らない単語ですが、この手の問題では重宝しますよ。

▼「文字どおりの」vs.「比喩的な」

---
literal　文字どおりの　例：literal meaning（文字どおりの意味）
literally　文字どおりに

figurative　比喩的な　例：figurative meaning（比喩としての意味）
　　　　　　　　　　　　　　（= idiomatic meaning）
figuratively　比喩として（= as a proverb / as an idiom / idiomatically）

ちなみに、「諺」を意味する単語も確認しておきましょう。

▼「諺」を意味する単語

△）phrase
◎）proverb / idiom / expression / saying

---

(1) 字義どおりの意味／(2) 諺としての意味
　まず「(1) 字義どおりの意味」と「(2) 諺としての意味」を対比して書いていきます。literal と figurative をセットで使ってみます。

A literal translation of this expression would be "Rainfall makes the ground firm." Figuratively, it means experiencing problems leads to a stronger, more stable situation.
（この表現を字義どおりに訳すと「雨が降ったあと、地面が乾いて硬くなる」になる。「困難を経ることで、より強固で安定した状態になる」ということを比喩的に表わす）

literal と figurative をそのまま使ってもいいのですが、この解答例では最初の文で literal を使って、次の文では figurative を副詞 figuratively にして文章に変化をつけています。

さらに、(2) の補強をします。この諺の意味を詳述することで、次の「(3) この文脈の中での意味」につながりやすくする目的もあります。

It is especially used to say that a relationship gets stronger after an argument.
（特に、口論をしたあと、絆が強くなることを言う時に用いられる）

このように東大の問題では、単に設問の条件を満たすだけでなく、**条件を満たしながら答案を 1 つの完成品として作り上げていく必要があります。**補強したほうがいい部分は積極的に書いていきましょう。

ここでは especially を使って補強しています。especially は「ほかにもあるが、特に〜」というニュアンスで使っています。ほかには、In particular it is used to say 〜 / It is commonly used to say 〜 / People often use it to say 〜 などを使った書き方もあります。

(3) この文脈での意味

In this excerpt, the coach is using it to say that even though they had many arguments the previous year, the arguments have helped unify the team.
（この話の一部では、監督はこの比喩を使い、昨年にはいろいろやり合ったが、その結果チームが結束したと言おうとしている）

excerpt は「抜粋、話の一部」という意味です。これも figurative 同様、かなり難しい単語ですが、ぜひこの機会に知っておいてください。TOEIC テストなど英語の試験問題で多用される「試験用語」ですから、将来出会う可能性が十分にあります。

また、in this excerpt 以外では、in this story / in this passage / in this case / here などでも OK です。

最後の the arguments have helped unify the team の部分は、もう少し簡単に書くなら、the arguments have made the team stronger にしても OK です。

《実践問題２》

もし他人の心が読めたらどうなるか、考えられる結果について 50 〜 60 語の英語で記せ。複数の文を用いてかまわない。

2012 年度

<解答例>
※以下を参照。

<なぜこの問題が重要か？>
　この問題は**東大によくある、設定が曖昧な問題**です。まず「他人の心を読めるのは<u>誰か</u>」を決めるところからスタートしなければいけません。また、このようなテーマではとかく抽象的な内容に終始しがちですが、具体的、かつ身近な内容でも東大に合格できることを解説を通して実感してください。

<問題の分析>
● 2 通りに解釈できる
　この問題文は設定が曖昧で、他人の心を読める「主語」が抜けています。主語は以下の 2 通りに解釈できます。

　(1) 人の心を読めるのは「世界で自分 1 人だけ」
　(2) 人の心を読めるのは「人間全員」の能力

　このように、受験者に好きなように設定を決めさせるところが東大らしい出題です。こういう場合は、自分の書きやすいように書いて OK です。ただし、どちらの設定にするかハッキリと意識しないといけません。「なんとなく書いているうちにいいアイディアが出るだろう」と思って書き始めると、場当たり的な英文になってしまい、東大の入試で勝ち抜くような答案にはならないものです。

● 仮定法を使う
　「他人の心が読める」ことは現実にはありえない話ですから、基本的に**仮定法を多用する**ことになります。これを忘れると、とんでもない減点になる可能性があります。
　もちろん、すべての文を仮定法にする必要はありません。あくまで「ありえない」内容に仮定法を使い、現実に「ありえる」内容は直説法で書きます。

● 「心を読む」を英語にすると…
　「心を読む」は read people's minds / read others' minds です。この read ～

▶ Chapter 5

　mind の組み合わせは、長文（物語・エッセイ）の実践問題２の設問 (6) の選択肢の中で出てきました（132 ページ参照）。とある私大でこの表現が問われたこともありますので、覚えておきましょう。
　もしこの表現が思い浮かばなかったら、know what other people are thinking about のように表現することもできます。
　※ちなみに、read others' minds は、アポストロフィの位置に気をつけてください。もともと others（他人）は複数形なので、最後にアポストロフィを付けるだけです。other's ではありませんね。

＜解答の作成＞
(1) 人の心を読めるのは「世界で自分１人だけ」の場合

【解答例①】　仮定法だけを使った解答
　If I could read people's minds, I would always take tests with my smart friend. That way if I didn't know the answer myself, I could read her mind and write down a similar answer. Since I would be the only person with this ability, teachers would never find out about it. (52 words)
（もし私が人の心を読むことができたら、試験をいつも頭のいい友だちと一緒に受けるだろう。そうすれば、自分で解答がわからない場合、彼女の心を読んで、似たような解答を書くことができるだろう。この能力を持っているのは私１人なので、先生にばれることは決してないだろう）

　①のように仮定法だけで書くことも可能ですが、実際にはなにかしら直説法で書きたい内容も出てくるでしょう。その場合は次の解答例を参考にしてみてください。

【解答例②】　仮定法と直説法を織り交ぜた解答
　If I could read people's minds, I think I would understand my girlfriend much better. Sometimes my girlfriend gets angry at me and I can't understand why. When I ask her to explain her emotions, she just says I should know. If I could read her mind, I would*, but since I can't, I'm always at a loss. (58 words)

（もし僕が人の心を読むことができたら、恋人のことを今よりずっとよく理解できるようになると思う。時々、彼女は僕に怒るが、理由がわからない。彼女に気持ちを説明してと頼んでも、わかるはずでしょうと言われるだけだ。彼女の心を読むことができたら気持ちがわかるのに、できないからいつも困っている）

※ I would {know why she is angry} ということです。語数に余裕があれば、括弧内の語句を書いてもいいのですが、指定語数をオーバーするので省略しました。もちろん I would だけで十分通じます。

my girlfriend <u>gets</u> angry at me や I <u>can't understand</u> why などは「現実のこと」ですので、直説法になります。

また、内容についてですが、解答例①も②も身近なことについて書いています。こういった内容のほうが受験生には書きやすいでしょうし、限られた時間の中でアイディアを出しやすいと思います。

まちがっても、「人の心が読めると、いろいろな問題を解決できる」のように具体的でないまま書き終えてしまって、結局何が言いたいのかわからない文章にならないようにしましょう。

(2) 人の心を読めるのは「人間全員」の能力の場合

【解答例③】仮定法と直説法を織り交ぜた解答

If people could read others' minds, the world would be extremely boring. Many novels have much to do with people's emotions. If fictional characters always knew how rivals or lovers felt, they wouldn't need strategies to get what they want, which is very interesting to readers. The world is all the more interesting because people can't read others' minds. (59 words)

（人々がおたがいに心が読めるなら、世界はとても退屈になるだろう。多くの小説は人々の感情をテーマとして取り扱っている。もしフィクションの登場人物がいつもライバルや恋人の気持ちをわかってしまえば、欲しいものを手に入れるための戦略は必要なくなるだろうが、それこそが読者にとって面白いのだ。人々がおたがいの心を読めないからこそ、世界はよりいっそう面白

▶ Chapter 5

いのである)

　もし誰もが人の心を読めるようになったら、「心理戦」がこの世からなくなってしまうという内容です。

　Many novels have much to do with people's emotions. の have much to do with ～ は、deal with ～ と同じ意味で「(テーマなどを) 取り扱う」ということです。

　また、fictional characters が出てこない場合、characters in stories でも OK です。

　ちなみに、最後の文では、The world is all the more interesting because people can't read others' minds. と、長文（物語・エッセイ）の実践問題2の設問(7)で問われた"all the 比較級"（その分だけますます 比較級 だ）の形を使ってみました（141ページの設問(7)の解説を参照）。

《実践問題３》

あなたが今までに下した大きな決断について、60～70語の英文で説明せよ。ただし、

(1) その時点でどのような選択肢があったか
(2) そこで実際にどのような選択をしたか
(3) そこで違う選択をしていたら、その後の人生がどのように変わっていたと思われるか

という三つの内容を盛り込むこと。適宜創作をほどこしてかまわない。

2006年度

<解答例>
※以下を参照。

<なぜこの問題が重要か？>
　まるで推薦入試の面接で聞かれそうな内容ですが、数年に1度、このようなテーマが東大で出ます。簡単そうに見えますが、実際に英文を書いてみると、なんだか味気ない途切れ途切れの英文を書いてしまいがちです。そうならないためのちょっとしたコツなどを学べる良い問題です。

<問題の分析>
● 身近なことで OK
　テーマ自体は簡単ですね。「今までに下した大きな決断」についても、仰々しく考える必要はありません。普通の受験生に「今後の選手生命を左右する大手術を受けるかどうか悩む」ような経験があるわけないですよね。確かに「適宜創作をほどこしてかまわない」とありますが、それは話を補強する程度で、「壮大なストーリーを創作しなさい」という意味ではありません。
　実践問題2と同様、**「身近なこと」で十分**です。部活の選択でも、好きな人への告白でも、10代の受験生には大きな決断ですし、なによりも**身近なことを書くことで、英文に具体性と説得力が出てきます**。

● 語数を厳密に守る
　「60〜70語の英文」と書いてあります。「60〜70語程度」ではないので厳密に書きましょう（実際には数語オーバーで減点はないかもしれませんが、指示には従うべきです）。もし語数調整をする必要がある場合、長文の要約問題と同様に「（論理が崩れる可能性があるので）内容は削らない」で、言い回しを変えるなど、できるだけ表現の書き換えをするようにしましょう。

<解答の作成>
● 身近な内容で具体性を出す
　まずは受験生にいちばん身近な話題ということで、進路をテーマにした解答例から見てみましょう。「大学進学をして数学を専攻する」という決断ですが、ほかの選択肢として、数学から大きく離れたもの（ここでは音楽）を取り上げました。

▶東大英作文対策

【解答例①】
　I like both mathematics and music, so this year I had to decide to take the university entrance exam for a math degree, or apply to music college. In the end, I chose math. I'm sure my career would be completely different if I went to music college instead of studying mathematics. I think my income would be much less stable as a musician. (64 words)
（私は数学と音楽の両方が好きだから、今年は数学の学位のために大学入試を受けるか音楽大学に応募するかを決めなければならなかった。最終的には数学を選んだ。もし数学を勉強するのではなく音楽大学へ行っていたらキャリアはまるきり変わってくるに違いない。私のミュージシャンとしての収入はかなり不安定になると思う）

<語句>
□ apply to ～　～に応募する・願書を出す

　これくらい具体性がある答案を書けるといいですね。

● 途切れ途切れでつながりが感じられない答案にしない
　次の解答例も身近な話題で、「恋人の選択」についての内容です。「自分の中での大きな決断」ですから、好きなように自信を持って書けばいいのです。採点官の顔色をうかがうような、妙に真面目な内容にする必要はありませんよ。

[解答例②]
　Last year, two boys from my class asked me to be their girlfriend at the same time. Masato is kind but Kengo's family is rich. I decided to go out with Masato. I'm glad that I am going out with Masato because we have a lot of fun together. If I had chosen Kengo, I'm sure he would buy me expensive presents, but I think I am happier with Masato. (70 words)
（去年、クラスメートの2人の男の子が同じ時期に私に告白をした。マサトは優しいがケンゴの家は裕福だ。私はマサトと付き合うことにした。一緒にいるととても楽しいから、マサトを恋人にしてよかった。ケンゴを選んでい

▶ Chapter 5

ればきっと彼は私に高いプレゼントを買ってくれたと思うが、マサトと付き合っている今のほうが幸せだと思う）

　ここで大事な注意点があります。設問で要求されている3つのことに答えるだけだと、ぶっきらぼうな印象になります。みなさんが書いた答案をもう一度読み直してみてください。なんだか文が途切れ途切れで、つながりがない印象を受けませんか？
　そういう文章にしないためにも、たとえば (2) の「実際にどのような選択をしたか」のあとに、「その選択の結果どうなったか」を加えると、文章が引き締まります。ここでは4文目（I'm glad that I am going out with Masato because we have a lot of fun together.）がそれに相当します。
　また、この解答例のMasato, Kengoのように、実際の名前を使うと語数を抑えることができます。さらには、one boy, the other boyにするより明確になりますし、なによりも英文を書くのがラクになります。

《実践問題4》

　下に示す写真の左側の人物をX、右側の人物をYとして、二人のあいだの会話を自由に想像し、英語で書け。分量は全体で50〜70語程度とする。どちらが話しているかわかるように、下記のように記せ。XとYのどちらから始めてもよいし、それぞれ何度発言してもよい。

X : -------------------------　　Y : -------------------------
X : -------------------------　　Y : -------------------------

2014年度

<解答例>
※以下を参照。

<なぜこの問題が重要か？>
　最近よく出る、何を意図しているのかわからない写真や絵の対策です。ほとんどの受験生が無味乾燥な答案しか書けないでしょうが、ここでは人とは違った答案を、しかも短時間で書くコツを学びます。

<問題の分析>
● 「自由に」書いてよい
　この問題は、最近の東大の picture 問題の典型例です。まず写真が何を意図しているのかまったく見えてきません。また、**設問には「会話を自由に想像し」とありますので、写真の素材を自由に使って、好きなように設定していいわけです。**

● 「できるだけ」すべてに言及する
　もちろん、いくら自由といっても、まったく写真と関係ないものはルール違反ととらえられますので、写真に写っているものをある程度は使わないといけません。
　ちなみに、写真に写っているものを必ず全部使わないといけないという考えもあるようですが、私はそうは思いません。たとえば、この写真には「男女」「自動販売機」「犬」が写っていますが、仮に犬に触れなくても、きちんとした答案であれば減点はないものと思われます。
　もし触れなければ減点であるなら、さすがに問題文に書くはずです。
　※今後そういう指示が出る可能性はあります。ただし 2016 年現在、東大がこの形式の問題を出し始めて 10 年以上経ちましたが、今のところは「自由に」と書いてあるので、減点はないはずです。

　もちろん、できる範囲ですべての素材を使ったほうが無難なのは言うまでもありませんし、解答例でもそうしました。しかし試験本番では、話の流れでどうしても不要なものがある時は、無理にねじ込んで不自然な答案にするくらいなら、触れないほうがいいでしょう。
　ちなみに、自動販売機は vending machine です。これはセンター試験にも出

ているので絶対に知っておかないといけない単語です。

　※ vendor（物売り）も、辞書には「自動販売機」の意味で載っていますが、実際には「自動販売機」の意味ではあまり使われません。ただし、vendor でも減点はないはずです。vending machine が出てこなければ、machine でも OK です。

＜解答の作成＞
● オーソドックスに攻める
　まずは多くの受験生が書くであろう標準的な答案を見ておきましょう。

【解答例①】
　X: I've never seen a dog tied up to a vending machine before. Who would do that?
　Y: It doesn't seem very kind of the owner. I wonder where he went.
　X: I don't know, but I just want to get my drink and get back to class.
　Y: Right. I'm going to get a can of hot coffee. What about you?
　(58 words)

＜和訳＞
　X: 犬が自動販売機につながれている光景なんて初めて見た。いったい誰がこんなことしたんだろう？
　Y: あまり優しい飼い主とは思えないね。どこへ行ったんだろう？
　X: わからないけど、飲み物を買って授業に戻らなきゃ。
　Y: そうだね。私はホットコーヒーにしようかな。あなたは？

　世間では、こういった内容で満点が取れるとされていますが、これくらいであれば東大受験生なら書けるはずです。しかし、東大の2次試験でこんな簡単なことが求められているとは考えにくいので、もう少し工夫をしておきたいところです。次の解答例②では犬と自動販売機をより密接に関連させてみます。

【解答例②】
　X: I'm very thirsty. I wonder what to buy.
　Y: Oh look, while you were thinking, the dog has come by you. It's

▶ Chapter 5

as if he is asking you for a drink.
X: Oh, really? Unfortunately the mineral water is sold out, and there isn't any milk in this vending machine. I wonder if dogs drink soft drinks.
(55 words)

＜和訳＞
X: すごく喉が渇いた。何を買おうかな。
Y: ねえ、見てみて！　あなたが迷っているあいだに犬が寄ってきたわよ。まるで飲み物をおねだりしているみたいね。
X: え？　本当？　あいにくミネラルウォーターは売り切れてるし、この自動販売機に牛乳なんか売っていないし。犬はソフトドリンク飲むのかな。

　解答例①と②で優れている点は2つあります。1つは英文に間違いがないことです（模範解答ですから当たり前ですが）。内容にばかり意識がいって自分の書きたいことを書いた結果、不自然な英語や文法の間違いがあることも少なくありません。
　もう1つは、「犬」の扱いです。東大の問題（に限らず大学入試の picture 問題）は、「（設問の指示に反しない限り）どういった設定にするかは自由なので、①では「犬が自動販売機につながれている」、②では「犬が寄ってきた」という設定にしています。このように自分で書きやすいように設定してかまいません。

● 「逆張り」の発想を使う
　さて、ここからは本書のオリジナルの発想を解説します。東大の解答ですから「少しはひねったものにしたい、ところが本番の試験中はなかなかいいアイディアが出ない、そもそも考えてる時間がない」ということになってしまうと思います。そういう時に使えるのが「逆張り」という発想です。
　「逆張り」とは、「普通に思うことに対して、その逆の発想をする」ことです。この問題で言えば、次のように考えればOKです。

▶東大英作文対策

▼逆張りの発想例

写真を見て普通に思うこと	→	その逆の発想
2人は知り合い	→	2人は初めて出会った
2人は日本人	→	2人は外国人
自動販売機で「買う」／客	→	自動販売機で「売る」／業者
犬がたまたま座っている	→	犬をあえて連れてきた

たとえば、写真を見て「2人は日本人」と思うなら、「2人は外国人」という設定で書けないか考えます。すると「外国人には日本の自動販売機は珍しい」というアイディアが出てくるかもしれません。

もしくは、受験生のほぼ全員が「自動販売機で買う」と思っている中、「自動販売機で売る」という業者の立場で書けば、それだけでユニークな答案になります。この発想で書いたのが解答例③です。さらに「犬がたまたま座っている」と誰もが考える中、その逆張りの「犬をあえて連れてきた」も加えてみました。

【解答例③】
X: How do you like this vending machine? It's mine.
Y: Really? Wow! Do you think you will make a lot of money?
X: I'm not sure. There are a lot of vending machines around here. I need something to make my machine stand out from the others.
Y: By the way, whose dog is that? Yours?
X: Yes. I'm hoping that if he stays here all the time, people who like dogs will come here and buy drinks from my machine.
(77 words)

<和訳>
X: この自動販売機はどうかな？ 俺のなんだ。
Y: 本当？ すごい！ たくさん稼げそう？
X: どうかなあ。このあたりは自動販売機がたくさんあってさ。ほかの自動販売機より目立つようになにかしなきゃな。
Y: ちなみに、この子は誰の犬だろう。あなたの？

X: そうだよ。いつもここに犬がいれば、犬好きの人はここに来て飲み物を買うようになるかなと思ってね。

逆張りを使うことで、ほんの一瞬で、多くの受験生とは違った答案を書くことができます。

　もちろん奇をてらう必要はありません。ただ、発想をちょっとひねってみるだけで、きらりと光る答案になるのです。

CHAPTER 6

東大リスニング対策

　従来、東大のリスニング対策ほど「具体的なアドバイス」が少ない分野もないような気がします。

　そこで本書では、「東大のリスニングはどのくらいのレベルなのか？」「事前に設問・選択肢をチェックする時、どこに注目すればいいのか？」といったことを詳しく解説し、具体的な対策を立てていきます。最終章、がんばっていきましょう！

▶ Chapter 6

▶東大リスニングの核心

出題分析

■ どのくらいのレベルか？

　東大のリスニングのレベルはかなり高いです。受験生になじみのある英検で言うと、「準1級～1級」というところです。

　具体的に言うと、英文そのもののレベルと長さを考えれば、英検1級と同じくらい、もしくはそれ以上の時もあります。一方、英検1級やTOEIC, TOEFLなどの試験と比べて東大の問題が決定的にラクな点は「放送が2回流れる」というところです。以上から**「英検準1級～1級」**のレベルと言えます。

■ 1回目で勝負する

　「1回目は全体の流れを把握して…」なんていうアドバイスはまったく現実的とはいえません。東大合格をめざすみなさんは、リスニング試験は**「1回きりの勝負」**のつもりで臨んでください。「2回あるから」と思うと、どうしてもどこかに隙ができます。東大のリスニング問題は分量が多い上に、細かい点を突いてくるので、1回目ですべて聴き取るつもりで取り組み、それでも聴き漏らしたところだけを2回目に聴き取る、という姿勢でないと高得点は望めません。

■ 読解力がベースになる

　東大のリスニングでは、「長文」が出題されます。ちょうどセンター試験のリーディングの長文と同じくらいの難易度の英文が、東大では「リスニング」で出るわけです。

　東大受験生、それも本書をここまで読んできたみなさんなら、きちんと読解力を磨き続けているはずですから、あえて言うまでもないことですが、**東大のリスニングは読解力なくして解けません。**

　もしリスニングのスクリプトを一読しても、内容が把握できない箇所があるようでは、リスニングは絶対にできませんよね。読解力が不十分な段階で東大

のリスニング問題にチャレンジしても、ミスをした時に「そもそも英文が聴き取れない」のか、それとも「英文は聴き取れているけれど、その内容が理解できない」のか、はたまた「英文の内容は理解できているけれど、設問で間違える」のか、その原因が分析できません。それでは勉強の効率がよくありません。リスニングが勉強量のわりに伸び悩んでいるとしたら、それは実は読解力不足が原因であることもよくあるのです。

■ イギリス式発音の場合もある

　東大のリスニング問題では、音声は公開されていません。つまりナレーターの国籍は試験本番の会場にいないとわからないと思いきや、設問・選択肢に「イギリス式のつづり」で書かれた英文がある場合もあり、それが手がかりになることもあります（たとえば、「メーター」を meter ではなく、metre とつづる）。
　もちろん、イギリス人が書いた英文をアメリカ人が朗読することもあるかもしれませんが、これはどう考えても東大が**「イギリス人ナレーターの場合もある」ことを伝えたい**と解釈すべきでしょう。
　　※イギリス式発音のオーストラリア人の可能性もあります。

　センター試験などで、みなさんが慣れているのはアメリカ式の発音です。これしか耳にしていないと、イギリス式の発音は、なんだかボソボソ話しているように聞こえ、けっこう苦戦します。心配なら、一度イギリス英語を扱った語学書に触れてみることをオススメします。
　　※2015年度の東大の試験にはかなり特徴的なナレーターの音声が使われていて、試験
　　　後の会場ではかなり不満の声が出たとその年度の受験生から聞きました。

　ちなみに、本書の実践問題では3人のナレーター（アメリカ人1人とイギリス人2人）を起用しました。英文にふさわしいナレーターを選び、イギリス式のつづりがあるものはイギリス人を起用しました。おそらく東大の方針がそうであると考えられるからです。
　　※リスニングのスクリプトの最後に、ナレーターの国籍を記しました。

■ 時間は延びる可能性がある

　リスニングの注意書きには、試験時間は「約30分間」と書いてあります。「ピッタリ30分」ではありません。少なくなる分には問題ありませんが、35分間続

いた年もあるそうですから、リスニングの後にやる問題には、5分は余裕をもっておきたいところです。

解法研究

■ 設問・選択肢のどんな表現に注意するのか？

「リスニングが始まる前に設問・選択肢を読んでおく」ということは、よく言われる鉄板の対策です。しかし、その際に「特にどういう表現に注意するのか？」が語られることはありません。中には、すべての設問・選択肢を読んでその内容を頭に入れることができる人や、そもそも事前に読まずにすぐ解ける人もいるでしょうが、普通は「ある程度効率よく、事前に情報をインプットしておきたい」ものですよね。

そこで、東大の問題で**「特に注意してほしい表現」**と**「どんなことを考えておくべきか？」**を以下に挙げてみます。

● 最上級

たとえば設問で、What will be the most interesting 〜？とあれば、選択肢の内容は、どれも本文に出てくると思ってください。その中で the most interesting なものを選ぶわけです。ほかの選択肢は、確かに interesting であるかもしれませんが、the most interesting（最上級）とは限りません。「あ、なんかこれ出てきたよなあ」と思って解くとミスしてしまうのが東大の問題なのです。

● 数字

数字のひっかけ問題は、リスニングでは「あるある」です。センター試験でも同じようなひっかけが多いので、予想はつくと思います。「数字そのものは本文に出てくるが、話とは全然関係ない」というひっかけが多用されます。たとえば、試験の話で、合格者が「20人」であるのに、選択肢では「20点」になっているようなひっかけです。

また、本文と選択肢で数字の表記の仕方が変わることもよくあります。本文に "50%" とあるところを、選択肢では "half" に置き換えたりするようなパター

ンですが、これはよく正解の選択肢に使われます。

● 序数・強調語
　設問に first などの序数や、強調語（main［主要な］など）があれば、これも選択肢の多くは本文に出てくる内容と思われます。その中でいちばん適切なものを選ばせる問題です。

■ 設問だけ、あるいは選択肢も読むのか？
　センター試験や資格試験などであれば、選択肢4つのうち3つはウソであり、本文に出てこない内容も数多く含まれます。ですから、実際に英文を聴く前に余分な情報はインプットしないほうがよく、選択肢を読むのはあまりオススメしません。
　ところが東大の場合は、すでに説明したとおり、「最上級のある問題」が出ますので、選択肢の情報の多く（4つのうち2つか3つ）は本文のなかにあります。また、設問に「not がある問題」（本文にないものを選ぶ問題）もよく出ますが、こちらも選択肢4つのうち3つは本文に出てくる内容です。したがって、事前に選択肢を読んでおいても損することが少ないのです。
　もちろん「読むのに時間がかかる」「（選択肢に意識がいって）結局何が問われているのかわからなくなってしまう」といったこともありますから、過去問や模試でいろいろ試してみて、自分に合うやり方を見つけておいてください。

■ メモを取るか、音声に集中するか？
　メモを取りながら聴くか、メモを一切取らないで音声に集中するかは個人の好みです。普段から両方のパターンを試して自分に合うほうを見つけておかないといけません。
　ちなみに、私はリスニングの試験はどんなものであれ、メモを取らずに目を閉じて聴くことに集中します。単純に音声に集中したいということと、(TOEIC テストの対策本を執筆している関係で) TOEIC テストを毎月のように受けているのですが、その時のクセがついてしまったからです（TOEIC テストはメモを取ることは禁止です）。
　「メモを取ることで集中できる」という意見もありますので、必ず「自分のパターン」を見つけ出しておいてください。

■ 音声を聴く「前に」メモを作る

　音声を聴きながらメモを取るかどうかは、個人の好みと言いましたが、メモを取らないタイプの人にも一度試してほしいことがあります。それは「3人以上が登場する会話」での「音声開始前のメモ」です。

　たとえば、事前に設問を読んで"Tom is doubtful about ～"とあれば、「(少なくとも1箇所は) Tom が反対意見を言う」とわかります。

　こう説明するとたいしたことのないように思えますが、発言者の顔が見えないリスニング試験において、3人の会話は想像以上にやっかいです。性別が違う時はリスニングの内容を簡単に記憶できても、同性の発言が連続すると混乱してしまうことはよくあります。

　その対策として、事前に「Tom が反対」といったメモを用意して、それを見ながら（場合によってはそれに書き込みながら）聴くといいでしょう。

■ まわりのメモを取る音を気にしない

　メモに関して、1つ注意しなければいけないことがあります。それはほかの人がメモを取るのを気にしないことです。東大受験生の中ではメモを取る人が多いようですが、**メモを取る音が試験本番では結構なノイズになります。**

　いつも静かな場所でイヤホンを使って聴くのはよくありません。普段の練習から、電車やカフェなど雑音が入るところで聴く、もしくはイヤホンを使わず（部屋の中で）スピーカーを通して聴くなど、少しの工夫を心がけてください。試験本番でまわりを気にせず、試験に集中する力も大事な実力です。

《実践問題》

放送を聞いて問題 (A)、(B) に答えよ。

注意
・放送を聞きながらメモを取ってもよい。
・放送が終わったあとも、この問題の解答を続けてかまわない。

(A) と (B) は内容的に連続しており、(B) は (A) をふまえたうえでの問題である。

(A)、(B) のいずれも 2 回ずつ放送される。

※ DOWNLOAD 01 には 1 回分の放送が、 DOWNLOAD 02 には本番の東大入試と同じように 2 回分の放送が収録されています。

DOWNLOAD 01 （ DOWNLOAD 02 ）

(A) これから放送するのは、あるラジオ番組の一部である。これを聞き、(1)〜(5) の問いに対して、それぞれ正しい答えを 1 つ選び、マークシートの (1)〜(5) にその記号をマークせよ。

(1) What will be the most important feature of the new telescope?
   a) It will be able to magnify up to 800 times.
   b) It will strengthen international cooperation and goodwill.
   c) It will collect more light than all existing telescopes combined.
   d) It will correct and sharpen images distorted by the earth's atmosphere.

▶ Chapter 6

(2) Which claim is not made by the speaker?
   a) The new telescope will be built 3,000 metres above sea level.
   b) The new telescope will be built in the middle of the Atacama Desert.
   c) The new telescope will use technology derived from telescopes based in space.
   d) The new telescope will have a mirror larger than that of any current telescope.

(3) The telescope's main mirror is made up of reflective plates which are:
   a) 5 centimetres wide.
   b) 100 centimetres wide.
   c) 140 centimetres wide.
   d) 800 centimetres wide.

(4) The speaker refers to several advantages of the location of the new telescope. Which of the following is not mentioned?
   a) It has very clean air.
   b) It is one of the driest places on earth.
   c) It is in a country with low construction costs.
   d) It has a view of the southern sky, which is more interesting to astronomers.

(5) Which of the following is not mentioned as a positive outcome of the project?
   a) More young people may want to become scientists.
   b) Relations among the countries sponsoring the project will be improved.
   c) It will make it possible for future telescopes to use computers to correct distorted images.

d) It will stimulate technological progress that will contribute to the development of things other than telescopes.

DOWNLOAD 03 (**DOWNLOAD 04**)

(B) これから放送するのは、(A) の内容について、1 人の女性 (Jodi) と 2 人の男性 (Shawn と David) が行なった会話である。これを聞き、(6) 〜 (10) の問いに対して、それぞれ正しい答えを 1 つ選び、マークシートの (6) 〜 (10) にその記号をマークせよ。

※ **DOWNLOAD 03** には 1 回分の会話が、 **DOWNLOAD 04** には本番の東大入試と同じように 2 回分の会話が収録されています。

NOTE
An asteroid is a rocky object in space smaller than a planet.

(6) Which incorrect detail do the speakers agree on?
   a) The size of the new telescope's mirror.
   b) The identity of the world's driest desert.
   c) The identity of the new telescope's builders.
   d) The general reason for putting the facilities underground.
   e) The effect of conditions at the observatory on the telescope's performance.

(7) Which detail are the speakers clearly unable to agree on?
   a) The size of the new telescope's mirror.
   b) The identity of the world's driest desert.
   c) The identity of the new telescope's builders.
   d) The general reason for putting the facilities underground.
   e) The effect of conditions at the observatory on the telescope's performance.

(8) What does Shawn probably do for a living?
   a) He is a barber.
   b) He is a comedian.
   c) He is a researcher.
   d) He is an eye doctor.

(9) David is doubtful about the telescope project. Which of the following gives his main reason for feeling doubtful?
   a) The giant telescope may provide great images of space, but that won't justify the cost.
   b) Nations build giant telescopes in order to gain status, but that strategy never succeeds.
   c) The money used to build the giant telescope would be better spent on things like urban towers.
   d) The giant telescope won't tell us about the current state of the universe, only about how it used to be.

(10) When Jodi says the new telescope may help humans find a new planet if the earth is struck by a giant asteroid, what specific fact does Shawn point out?
   a) The new planet might not support human life.
   b) The new planet might be hit by an asteroid after humans settle there.
   c) The new planet might have been hit by an asteroid by the time humans see it.
   d) The new planet might be hit by an asteroid while humans are on the way to it.

2015 年度

＜解答例＞
(A)
(1) c)　(2) c)　(3) c)　(4) c)　(5) c)
(B)
(6) a)　(7) b)　(8) d)　(9) a)　(10) c)

＜なぜこの問題が重要か？＞
　2つの英文が関連した問題、3人の会話という、今後の傾向をいちばんハッキリと暗示している問題です。また、イギリス英語に慣れる練習としても有用です。

(A)
DOWNLOAD 01　（　DOWNLOAD 02　）
＜放送された英文＞
　①A new telescope, which will be the world's largest, is to be built 3,000 metres above sea level, on top of a mountain in Chile. ②There — in the middle of the Atacama Desert, one of the driest places on earth — it will have the best possible conditions for observation. Astronomers are expecting it to answer many of the deepest and most important questions in their subject.
　③The new telescope will have a mirror 39 metres across, making it by far the largest optical telescope in the world. ④Although a mirror of this size presents huge technical difficulties, its light-gathering capacity should be greater than all existing telescopes put together. That's what makes this telescope truly special. Experts predict that it will even be able to capture images of planets orbiting distant stars. And because looking out into space is also looking back in time, astronomers hope to discover new information about the early history of the universe.
　Is it surprising that a telescope funded by Europe should be based so far away in Chile? Not at all. ⑤The very clean and dry air of the Atacama Desert is one advantage. ⑥Another is that the southern sky is more interesting to astronomers: as one expert said, 'The centre of our Milky Way galaxy is to the south, so there is more to see'.
　Then, is it surprising that the telescope is to be based on earth? ⑦Recent

▶ Chapter 6

telescope projects have been based in space, like the Hubble Telescope. But new technology means that land-based telescopes can do far more than previously thought. When light passes through the earth's atmosphere it is affected in various ways — for example, by moisture, by varying wind speeds, or by different temperature layers. ⑧However, it is now possible, using computers, to keep images sharp, in spite of these distortions. ⑨The new telescope's main mirror will be made up of almost 800 small reflective plates, each of which is 1.4 metres across and 5 centimetres thick. These plates can be moved, under computer control, so that the image is less affected by atmospheric distortion.

　The huge cost of the project — over a thousand million euros — is to be shared by about fifteen European countries. But governments and scientists alike believe that the benefits of this 39-metre-telescope project will far exceed its costs. ⑩Apart from any scientific discoveries, the project will strengthen friendships between countries, stimulate technological progress that can be applied in other areas, and inspire young people to take up a career in science or technology.

（ナレーター／イギリス人）

＜和訳＞
　①世界最大になるであろう新しい望遠鏡が、海抜3000メートルにあるチリの山の頂上に作られることになっている。②地球上でもっとも乾燥している地帯の1つであるアタカマ砂漠の真ん中のその場所が、その望遠鏡が観測を行なうのにもっとも適した環境なのだ。天文学者たちは、その望遠鏡が彼らの研究対象におけるもっとも深く重要な問いの多くに答えを出すことを期待している。
　③その新しい望遠鏡には直径39メートルの鏡がつくことになっていて、それによってこの望遠鏡は世界でもずば抜けて大きな光学望遠鏡になる。④この大きさの鏡がついていると技術上大きな問題が生じるが、その集光力は現存するすべての望遠鏡を集めたものより優れているはずだ。このことにより、この望遠鏡は実に特別なものとなっている。専門家たちは遠く離れた星々の軌道をまわる惑星の像をもとらえることが可能になると予測している。そして、宇宙を覗き込むことはすなわち時間を振り返ることであるため、天文学者たちは宇宙の初期の歴史についての新しい情報を発見したいと願っている。

ヨーロッパが投資した望遠鏡がヨーロッパから遠く離れたチリに根を下ろすなんて驚きだろうか。いや、まったく驚くべきことではない。⑤アタカマ砂漠のきれいで乾燥した空気は利点の1つである。⑥もう1つの利点は、南の空のほうが天文学者たちにとって興味深いということだ。1人の専門家が言うには、「天の川銀河の中心は南に向かっているから、南のほうが見るべきものが多くある」ということだ。

　では、望遠鏡が地球上に設置されるということは驚きではなかろうか。⑦最近の望遠鏡計画は、ハッブル望遠鏡のように宇宙に根を下ろすものだ。しかし新しい技術によって、地上の望遠鏡が今まで考えられていたよりはるかに優れた機能をすることがわかっている。地球の大気圏を通過する時、光はいろいろな影響を受ける。たとえば、湿気や、速度の変わる風や、さまざまな温度層によって影響を受ける。⑧しかし今では、コンピューターを使って、これらのひずみにもかかわらず像を鮮明に保つことが可能である。⑨新しい望遠鏡の主鏡は800枚近い数の小さな反射板によって作られ、それら1枚1枚は直径1.4メートル、厚さ5センチメートルである。これらの反射板はコンピューターの制御により動かすことができ、その結果、大気のゆがみによる像への影響が小さくなるのだ。

　この計画にかかる膨大な費用は10億ユーロを超えるのだが、約15のヨーロッパの国々によって分担されることになっている。しかし、政府も科学者たちも同じように、この39メートル望遠鏡がもたらす利益は、それにかかる費用をはるかに上まわると信じている。⑩あらゆる科学的な発見を別としても、この計画は国同士の友好関係をより強力なものとし、ほかの分野にも応用がきく技術進歩を促進し、若者が科学や技術の道に進むきっかけになるだろう。

(1)　新しい望遠鏡のもっとも重要な特徴は何か。
　　a) 800倍まで拡大できる。
　　b) 国際協力と国際親善を強化する。
　　c) 現存するすべての望遠鏡を合わせたものより優れた集光力をもつ。
　　d) 地球の大気によりゆがめられた像を修正し鮮明にする。

(2)　話し手の主張として間違っているものを選べ。
　　a) 新しい望遠鏡は海抜3000メートルに作られる。
　　b) 新しい望遠鏡はアタカマ砂漠の真ん中に作られる。

▶ Chapter 6

  c) 新しい望遠鏡には宇宙に設置された望遠鏡をもとにした技術が利用される。
  d) 新しい望遠鏡は現存するどの望遠鏡の鏡よりも大きい鏡をもつ。

(3) 望遠鏡の主鏡を構成する反射板のサイズを選べ。
  a) 直径 5 センチメートル。
  b) 直径 100 センチメートル。
  c) 直径 140 センチメートル。
  d) 直径 800 センチメートル。

(4) 話し手は新しい望遠鏡の立地の利点についていくつか言及している。以下のうち言及されて<u>いない</u>ものを選べ。
  a) 空気がとてもきれい。
  b) 地球上でもっとも乾燥した地域の 1 つ。
  c) 建設費用が安い国である。
  d) 天文学者にとってより興味深い、南の空が見える。

(5) 以下のうち、計画の有益な結果として挙げられて<u>いない</u>ものを選べ。
  a) 科学者になりたいと思う若者が増えるかもしれない。
  b) その計画のスポンサーをしている国同士の関係がより良好になる。
  c) 将来的に、望遠鏡がコンピューターを使ってゆがんだ像を修正できるようにする。
  d) 望遠鏡以外のものの発展に寄与する技術進歩を促進する。

> <語句>
> □ above sea level　海抜　□ optical telescope　光学顕微鏡
> □ light-gathering　光を集める　□ orbit　軌道を回る　□ atmospheric distortion　大気のゆがみ

<解説>
(1)
What will be the most important feature of the new telescope?（新しい望遠鏡のもっとも重要な特徴は何か）

▶東大リスニング対策

　リスニングが始まる前にこの設問を読んで、1つ注目しないといけない箇所があります。

　それは the most important という最上級です。「もっとも重要」と言うからには、おそらくほかの選択肢の内容も本文に出てくると予想できます（実際に、b) と d) が出てきます）。「もっとも、特に」などの表現を意識しないといけません。

c) It will collect more light than all existing telescopes combined.（現存するすべての望遠鏡を合わせたものより優れた集光力をもつ）

　④ Although a mirror of this size presents huge technical difficulties, its light-gathering capacity should be greater than all existing telescopes put together. That's what makes this telescope truly special.（この大きさの鏡がついていると技術上大きな問題が生じるものの、その集光力は、現存するすべての望遠鏡を集めたものより優れているはずだ。このことにより、この望遠鏡は実に特別なものとなっている）

　c) が正解です。truly special に反応できれば OK ですね。

ほかの選択肢
a) It will be able to magnify up to 800 times.（800倍まで拡大できる）
　⑨ The new telescope's main mirror will be made up of almost 800 small reflective plates, each of which is 1.4 metres across and 5 centimetres thick.（新しい望遠鏡の主鏡は 800 枚近い数の小さな反射板によって作られ、それら 1 枚 1 枚は直径 1.4 メートル、厚さ 5 センチメートルである）

　800 という数字につられてはいけません。それは拡大倍率ではなく「反射板の数」です。

b) It will strengthen international cooperation and goodwill.（国際協力と国際親善を強化する）
　⑩ Apart from any scientific discoveries, the project will strengthen friendships between countries, stimulate technological progress that can be applied in other areas, and inspire young people to take up a career in science or technology.（あらゆる科学的な発見を別としても、この計画は国同士の友好関係をより強力な

▶ Chapter 6

ものとし、ほかの分野にも応用がきく技術進歩を促進し、若者が科学や技術の道に進むきっかけになるだろう）

「もっとも重要」にあたることが述べられていないので不正解です。

d) It will correct and sharpen images distorted by the earth's atmosphere.（地球の大気によりゆがめられた像を修正し鮮明にする）

⑧However, it is now possible, using computers, to keep images sharp, in spite of these distortions.（しかし今では、コンピューターを使って、これらのひずみにもかかわらず像を鮮明に保つことが可能である）

これも b) 同様、「もっとも重要」にあたる表現がありません。

(2)
Which claim is not made by the speaker?（話し手の主張として間違っているものを選べ）

この設問は「not 型」なので、選択肢まで目を通しておくことをオススメします。

c) The new telescope will use technology derived from telescopes based in space.（新しい望遠鏡には宇宙に設置された望遠鏡をもとにした技術が利用される）

最後の telescopes based in space が本文とは違います。ただ、確かにこの表現自体は出てきます。

⑦Recent telescope projects have been based in space, like the Hubble Telescope. But new technology means that land-based telescopes can do far more than previously thought.（最近の望遠鏡計画はハッブル望遠鏡のように宇宙に根を下ろすものだ。しかし、新しい技術によって、地上の望遠鏡が今まで考えられていたよりはるかに優れた機能をすることがわかっている）

based in space はあくまで Recent telescope projects のことです。しかも new technology は land-based telescopes とハッキリ述べられていますね。したがって、**c)** が正解です。

第4段落は最初からこのことをテーマにしています（疑問文で投げかけることで、話題に挙げています）。だからこそしっかり聴いておきたいところです。

ほかの選択肢
a) **The new telescope will be built 3,000 metres above sea level.**（新しい望遠鏡は海抜 3000 メートルに作られる）

①A new telescope, which will be the world's largest, is to be built 3,000 metres above sea level, on top of a mountain in Chile.（世界最大になるであろう新しい望遠鏡が、海抜 3000 メートルにあるチリの山の頂上に作られることになっている）

b) **The new telescope will be built in the middle of the Atacama Desert.**（新しい望遠鏡はアタカマ砂漠の真ん中に作られる）

② There ― in the middle of the Atacama Desert, one of the driest places on earth ― it will have the best possible conditions for observation.（地球上でもっとも乾燥している地帯の1つであるアタカマ砂漠の真ん中のその場所が、その望遠鏡が観測を行なうのにもっとも適した環境なのだ）

d) **The new telescope will have a mirror larger than that of any current telescope.**（新しい望遠鏡は現存するどの望遠鏡の鏡よりも大きい鏡をもつ）

③The new telescope will have a mirror 39 metres across, making it by far the largest optical telescope in the world.（その新しい望遠鏡には直径 39 メートルの鏡がつくことになっていて、それによってこの望遠鏡は世界でもずば抜けて大きな光学望遠鏡になる）

(3)
The telescope's main mirror is made up of reflective plates which are:（望遠鏡の主鏡を構成する反射板のサイズを選べ）

▶ Chapter 6

　設問に main mirror とあるので、main ではない mirror にひっかからないように注意が必要です。
　これに関しては、最初のほうに出てくる a mirror 39 metres across という表現（下線部③）でかなり混乱を起こします。そこでパニックになると、この問題はミスしてしまうかもしれません。

※しかし、この 39 という数字を聴き取っておくと、次の問題 (B) の設問 (6) で役立ちます。もしかしたら敗者復活戦的な東大の配慮かもしれませんね。

c) 140 centimetres wide.（直径 140 センチメートル）

⑨ The new telescope's main mirror will be made up of almost 800 small reflective plates, each of which is 1.4 metres across and 5 centimetres thick.（新しい望遠鏡の主鏡は 800 枚近くの数の反射板によって作られ、それら 1 枚 1 枚は直径 1.4 メートル、厚さ 5 センチメートルである）

　本文の 1.4 metres across が選択肢では 140 centimetres wide になっているわけです。この文の主語は The new telescope's main mirror で、ハッキリと main mirror が出てきます。やはり main という単語が重要だったわけです。**c) が正解です。**

ほかの選択肢
a) 5 centimetres wide.（直径 5 センチメートル）

⑨ The new telescope's main mirror will be made up of almost 800 small reflective plates, each of which is 1.4 metres across and 5 centimetres thick.

　5 centimetres という数字自体は出てくる、典型的なひっかけです。

b) 100 centimetres wide.（直径 100 センチメートル）

　この数字は特に本文には出てきません。

d) 800 centimetres wide.（直径 800 センチメートル）

⑨ The new telescope's main mirror will be made up of almost 800 small reflective plates, each of which is 1.4 metres across and 5 centimetres thick.

▶東大リスニング対策

これも 800 という数字が出てくるだけですね。

(4)
The speaker refers to several advantages of the location of the new telescope. Which of the following is not mentioned?（話し手は新しい望遠鏡の立地の利点についていくつか言及している。以下のうち言及されていないものを選べ）

c) **It is in a country with low construction costs.**（建設費用が安い国である）

　② There — in the middle of the Atacama Desert, one of the driest places on earth — it will have the best possible conditions for observation. (地球上でもっとも乾燥している地帯の1つであるアタカマ砂漠の真ん中のその場所が、その望遠鏡が観測を行なうのにもっとも適した環境なのだ）

建設費が安いとは述べられていません。**c)** が正解です。

ほかの選択肢
a) **It has very clean air.**（空気がとてもきれい）

　⑤ The very clean and dry air of the Atacama Desert is one advantage. (アタカマ砂漠のきれいで乾燥した空気は利点の1つである）

b) **It is one of the driest places on earth.**（地球上でもっとも乾燥した地域の1つ）

　② There — in the middle of the Atacama Desert, one of the driest places on earth — it will have the best possible conditions for observation.

d) **It has a view of the southern sky, which is more interesting to astronomers.**（天文学者にとってより興味深い、南の空が見える）

　⑥ Another is that the southern sky is more interesting to astronomers: as one expert said, 'The centre of our Milky Way galaxy is to the south, so there is more to see'. (もう1つの利点は南の空のほうが天文学者たちにとって興味深

209

▶ Chapter 6

いということだ。1人の専門家が言うには、『天の川銀河の中心は南に向かっているから、南のほうが見るべきものが多くある』ということだ)

(5)
Which of the following is not mentioned as a positive outcome of the project?（以下のうち、計画の有益な結果として挙げられていないものを選べ）

c) It will make it possible for future telescopes to use computers to correct distorted images.（将来的に、望遠鏡がコンピューターを使ってゆがんだ像を修正できるようにする）
　⑧However, it is now possible, using computers, to keep images sharp, in spite of these distortions.

　これは now があるとおり、現在の話であって、選択肢の「未来」の話ではありません。したがって、**正解は c)** です。ただこうやって文字にすると簡単に思えますが、この問題はなかなか難しいでしょう。

ほかの選択肢
a) More young people may want to become scientists.（科学者になりたいと思う若者が増えるかもしれない）
　⑩Apart from any scientific discoveries, the project will strengthen friendships between countries, stimulate technological progress that can be applied in other areas, and inspire young people to take up a career in science or technology.（あらゆる科学的な発見を別としても、この計画は国同士の友好関係をより強力なものとし、ほかの分野にも応用がきく技術進歩を促進し、若者が科学や技術の道に進むきっかけになるだろう）

b) Relations among the countries sponsoring the project will be improved.（その計画のスポンサーをしている国同士の関係がより良好になる）

▶東大リスニング対策

d) **It will stimulate technological progress that will contribute to the development of things other than telescopes.**（望遠鏡以外のものの発展に寄与する技術進歩を促進する）

b) も d) も、a) とまったく同じ該当箇所です。

(B)

📥 DOWNLOAD 03 （📥 DOWNLOAD 04 ）

＜放送された英文＞

Jodi① : Hi Shawn!
Shawn① : Hi Jodi! What's new?
Jodi② : Uhmm, a telescope? I just heard a radio program about a giant telescope they're planning.
Shawn② : Oh, I read about that in a magazine I got for my waiting room! In Chile, right? The Atacama Desert.
Jodi③ : Yeah, on a mountain. They're going to level off the top and build a billion-euro observatory, in the middle of nowhere.
David① : Hi guys!
Jodi④ & Shawn③ : Hi David!
David② : A billion-euro telescope in the middle of nowhere? Somebody must like spending money. They'll have to bring food in ....
Jodi⑤ : And water — it's in the desert.
Shawn④ : Yeah, the driest desert in the world.
Jodi⑥ : I doubt it's the *driest* —
David③ : I thought the Sahara was the driest.
Jodi⑦ : Or Kalahari —
Shawn⑤ : No, it's the Atacama —
David④ : It can't be. I've never heard of it. If it were the driest, I'd have heard of it. But why would they build a telescope in a desert anyway? Dust, sandstorms — won't that hurt visibility, maybe even damage the lenses?
Shawn⑥ : Uh, David, It's on top of a mountain. There won't be much dust at

211

▶ Chapter 6

	3,000 metres.
Jodi ⑧:	Shawn's right. <u>Visibility will be amazing up there.</u>
David ⑤:	Ah, I see what you mean.
Jodi ⑨:	That's why it's the perfect place for the world's biggest telescope. The mirror will be twenty-five metres across. Can you believe it?
Shawn ⑦:	It was *more* than that, wasn't it? <u>I thought they said twenty-eight</u> —
Jodi ⑩:	<u>Oh, that's right: twenty-eight metres!</u> Imagine how far we'll be able to see with that.
Shawn ⑧:	Right, and not just far in distance — far back in time, too. That's something I can't do. <u>People leave my clinic being able to see better, but never back in time!</u>
Jodi ⑪:	It's going to have its own swimming pool, too.
David ⑥:	<u>So, a twenty-eight-meter telescope.</u> And with its own swimming pool! I didn't even know telescopes could swim.
Shawn ⑨:	Ha ha. People are going to be living up there, you know. They're putting it all underground: pool, shopping centre, gym, all underground.
David ⑦:	So... is the telescope going to be underground, too?
Jodi ⑫:	David, you're such a comedian.
David ⑧:	Seriously though, why are they putting all that stuff underground? To hide from aliens? <u>All that extra expense. Sounds like a waste of taxpayers' money to me.</u>
Jodi ⑬:	Uh, 3,000 metres. Have you ever tried to put up a tent on mountaintop at 3,000 metres? Freezing cold, high winds...
David ⑨:	But it's a desert — I think the problem will be the heat.
Shawn ⑩:	Heat, cold, either way it'll be pretty extreme. Jodi's right: It makes sense to live underground.
David ⑩:	Oh, I see. So, who's building it? <u>I heard India and China were teaming up on a huge new telescope somewhere.</u>
Jodi ⑭:	<u>This one's European.</u>
Shawn ⑪:	<u>Yeah, European.</u>
David ⑪:	And as soon as this one's done, the Americans or the Japanese will build one a meter wider. It's all about prestige. <u>Sure, we'll get some</u>

Jodi[15]:	wonderful new pictures of space, but it's like building the tallest tower. One country goes high, right away the next wants to go higher. Not because it's more useful. Just to show off.
Jodi[15]:	Well, with towers you might be right. But these new telescopes really will be useful. They said we'll be able to get pictures of faraway planets. Not stars — planets. If the earth gets hit by a giant asteroid, we could all escape to a planet discovered by this new telescope!
Shawn[12]:	Well, Jodi, I'm afraid we'll just be seeing the new planet as it used to be — by the time we see it, it might've already been hit by a giant asteroid, too!
David[12]:	Jodi's probably right, though — I'm sure they'll discover lots of useful things. Scientists have already found *Antimatter* and *Dark Matter* — maybe now they'll discover *Doesn't Matter*, a substance that has no effect on the universe whatsoever!
Shawn[13]:	You're killing me, David. Look, even if it doesn't save our lives, the new telescope will give us a lot of new information. We'll understand more about the universe. Is there a better reason to climb to the top of a mountain?

(ナレーター／Jodi：イギリス人　　Shawn：イギリス人　　David：アメリカ人)

＜和訳＞

ジョディ[1]：	こんにちは、ショーン！
ショーン[1]：	やあ、ジョディ！　何か変わったことはあった？
ジョディ[2]：	うーん、望遠鏡とか？　今ちょうどラジオ番組を聞いてて、巨大な望遠鏡の計画についてやってたの。
ショーン[2]：	ああ、それ、僕も雑誌で読んだよ！　待合室で手に取った雑誌に書いてあった。チリのでしょ？　アタカマ砂漠の。
ジョディ[3]：	そうそう、山頂のね。山頂を平らにならして、何もないところに10億ユーロ規模の観測所を作るつもりらしいよ。
デイビッド[1]：	やあ、君たち！
ジョディ[4]／ショーン[3]：	やあ、デイビッド！
デイビッド[2]：	何もないところに10億ユーロ規模の望遠鏡を作るって？　金

Chapter 6

	の無駄遣いが好きな輩がいるにちがいないな。きっと食べ物を持ち込んで…
ジョディ⑤：	あと水もね。砂漠にあるんだから。
ショーン④：	そうそう、世界でいちばん乾燥してる砂漠だって。
ジョディ⑥：	いちばん乾燥してるっていうことはないと思うけど…
デイビッド③：	サハラ砂漠がいちばん乾燥してると思ってた。
ジョディ⑦：	それかカラハリ砂漠…
ショーン⑤：	いや、アタカマ砂漠だって…
デイビッド④：	ありえないね。そんな砂漠聞いたことない。もしその砂漠がいちばん乾燥してるなら僕も聞いたことがあるはずだ。そもそもなんで砂漠に望遠鏡を作ろうとしてるんだろう？　埃に砂嵐に…視界を悪くしたりレンズにダメージを与えたりしないのかな？
ショーン⑥：	ああ、デイビッド、望遠鏡が作られるのは山頂なんだよ。高度3000メートルにはそんなに多くの埃もないだろう。
ジョディ⑧：	ショーンの言うとおり。そこでの見通しはすごくいいはずよ。
デイビッド⑤：	ああ、なるほどね。
ジョディ⑨：	だからそこは世界一大きい望遠鏡には最高の場所なの。鏡は直径25メートルだって。信じられる？
ショーン⑦：	もっと大きくなかった？　直径28メートルって言ってたと思うんだけど…
ジョディ⑩：	ああ、そうだ。直径28メートルだ！　それを使えば、どれだけ遠くを見ることができるか想像してみてよ。
ショーン⑧：	そうだね、それにただ距離的に遠くを見ることができるだけじゃなくて、時間もかなり遡って見ることができるんだよね。僕にはできないことだな。僕の診療所に来る人はみんな来た時より目がよく見えるようになって帰っていくけど、過去を見ることは絶対にできないから！
ジョディ⑪：	そこにスイミングプールまでつくる気よ。
デイビッド⑥：	つまり、直径28メートルの望遠鏡なんだね。それにスイミングプールもついてる！　望遠鏡が泳げるなんて知らなかったなあ。
ショーン⑨：	あはは。みんなそこに住もうとしてるんだ。全部地下に作ろう

	としてる。プールに、ショッピングセンターに、ジム、全部地下にだ。
デイビッド⑦：	ってことは…望遠鏡まで地下に作られるのかい？
ジョディ⑫：	デイビッド、あなたは本当にひょうきん者ね。
デイビッド⑧：	でも、まじめにさ、なんでそれらを全部地下に作ろうとしているんだ？　宇宙人から隠れるためか？　<u>そのために追加費用がかかるし、僕には税金の無駄遣いに思えてしまうよ。</u>
ジョディ⑬：	そうねえ、地上3000メートルだからじゃない。地上3000メートルの山頂にテントを張ろうとしたことがある？　凍るほど寒くって、風は強いし…
デイビッド⑨：	でも、望遠鏡が作られるのは砂漠だろ？　暑さのほうが問題なんじゃないのかな。
ショーン⑩：	暑さも寒さも極端なんだ。ジョディの言うとおりだよ。地下で暮らすのは理にかなってる。
デイビッド⑩：	へえ、そうなんだ。で、誰がそれを作ってるの？　<u>インドと中国がどこかに巨大な望遠鏡を作るために協力してるって聞いたけど。</u>
ジョディ⑭：	<u>この計画はヨーロッパのものよ。</u>
ショーン⑪：	<u>そうそう、ヨーロッパの。</u>
デイビッド⑪：	そしてこれが完成するやいなや、アメリカや日本がさらに1メートル大きいのを作るんだろう。ぜんぶ名声のためなんだ。<u>確かに僕たちは宇宙の素晴らしい画像を新たにいくらか見られるようになるけど、いちばん高いタワーを建てるのに似てるよ。</u>ある国が上にいったら、すぐにもう1つの国がさらに上をめざそうとするんだ。便利になるからじゃない。ただ見せびらかすためだけに、さ。
ジョディ⑮：	そうね、タワーに関してなら、あなたの言うことは正しいとも言えるわ。でも、新しい望遠鏡は実際に役立つのよ。遠く離れた惑星の写真が見られるようになるって言ってたよ。恒星じゃなくて惑星だからね。もし地球に巨大な小惑星が当たったとしても、この望遠鏡が発見してくれた惑星にみんな避難できるのよ！
ショーン⑫：	えっと、ジョディ、残念ながら、その新しい惑星もかつての姿

215

▶ Chapter 6

を見るだけになるんじゃないかと思うよ。僕たちがそれを見る頃には、その惑星だって小惑星に衝突されちゃってるかもしれないんだから！

デイビッド[12]：それでもジョディの言うとおりだと思う。たくさんの役立つことを発見してくれるのはまちがいないよ。科学者たちはもう反物質と暗黒物質を見つけていて、今度は *Doesn't Matter* とでもいう宇宙になんにも影響を与えない物質でも見つけるんじゃないかな！

ショーン[13]：冗談よせよ、デイビッド。いいかい、新しい望遠鏡は、僕たちの命を救うことはないにしても、きっとたくさんの情報をもたらしてくれるよ。きっと宇宙についてもっと理解できるんだ。山頂に登るのに、それよりも適した理由があるかい？

(6) 話し手同士が合意にいたってしまった間違った情報を選べ。
 a) 新しい望遠鏡の鏡の大きさ。
 b) 世界でもっとも乾燥している砂漠はどれか。
 c) 新しい望遠鏡を誰が作っているのか。
 d) 施設を地下に作る一般的な理由。
 e) 観測所の状態が望遠鏡の働きにもたらす影響。

(7) 話し手同士がはっきりと合意にいたることができなかったものを選べ。
 a) 新しい望遠鏡の鏡の大きさ。
 b) 世界でもっとも乾燥している砂漠はどれか。
 c) 新しい望遠鏡を誰が作っているのか。
 d) 施設を地下に作る一般的な理由。
 e) 観測所の状態が望遠鏡の働きにもたらす影響。

(8) ショーンの仕事は何だと予想できるか。
 a) 理容師。
 b) お笑い芸人。
 c) 研究者。
 d) 眼科医。

(9) デイビッドはこの望遠鏡計画に懐疑的である。彼がそう考える主な理由は以下のうちどれか。
a) 巨大な望遠鏡は宇宙の素晴らしい像を見せてくれるかもしれないが、それでも費用がかかりすぎるから。
b) 国家は名声を得るために巨大な望遠鏡を作るが、その戦略は決して成功しないから。
c) 巨大な望遠鏡を作るのに使われる費用は、都市のタワーなど、ほかのものに費やしたほうがよいから。
d) 巨大な望遠鏡は現在の宇宙の状態については教えてくれず、かつての姿しかわからないから。

(10) 地球が巨大な小惑星に衝突された時に新しい惑星を探すのに巨大な望遠鏡が役立つかもしれないと言ったジョディに対して、ショーンが指摘した事実を選べ。
a) 新しい惑星では人間は生きていけないかもしれない。
b) 新しい惑星は人間がそこに定住したあとに小惑星に衝突されるかもしれない。
c) 新しい惑星は人間がそれを観測するまでに小惑星に衝突されているかもしれない。
d) 新しい惑星は人間がそこに向かっている途中に小惑星に衝突されるかもしれない。

<語句>
□ level off　平らにする　□ team up　共同する　□ prestige　名声
□ asteroid　小惑星　□ You're killing me.　冗談はよせよ。いい加減にしてよ。

<解説>
　英文とは直接は関係ないことですが、会話形式の場合、登場人物それぞれの性格が露骨に出る、つまり「キャラが立っている」ことがあるのが東大の特徴でもあります。
　この問題で言うと、ジョディだけは特徴がありませんが、デイビッドがジョーク好きだというのは気づいたと思います。しかしそれだけでなく、デイビッドは皮肉屋でもあり、かつ頑固（ずっと予算のことにこだわる）でもあります。

▶ Chapter 6

ショーンは冷静で、ところどころツッコミを入れています。

このことに気づけると、「誰が何を言っていたか？」を記憶するのに役立ちます。ここでは設問 (9) で解答を出す助けになります。

(6)
Which incorrect detail do the speakers agree on?（話し手同士が合意にいたってしまった間違った情報を選べ）

設問の直訳は「どの間違った情報に関して、話し手たちは一致してしまったか」ということで、要は「全員で勘違いしていること」を探します。

a) The size of the new telescope's mirror.（新しい望遠鏡の鏡の大きさ）

ショーン⑦の「28 メートル」という発言があり、ジョディ⑩とデイビッド⑥でも同意しています。問題 (A) の第 2 段落第 1 文に「（実際の）鏡の幅は 39 メートル」とあるので、3 人とも勘違いしていることになります。**正解は、a) です。**

※この問題が取れれば、設問 (3) をパニックになって落としてしまったとしても、帳消しにできます。

ほかの選択肢
b) The identity of the world's driest desert.（世界でもっとも乾燥している砂漠はどれか）

もしこれを選んでしまった人は、焦って設問を読み間違えたのでしょう。確かに試験本番は時間に追われますが、設問を読むのは数秒ですから、2 回でも 3 回でも読んだほうが確実です。

「もっとも乾燥しているのはどの砂漠か？」に関しては、agree どころか、3 人の意見が割れています。次の設問 (7) の解説を参照してください。

c) The identity of the new telescope's builders.（新しい望遠鏡を誰が作っているのか）

デイビッド⑩で「インドと中国が」と勘違いはしますが、その次のジョディ⑭とショーン⑪で「この計画はヨーロッパのもの」と訂正して、正しい情報を得ています。

d) The general reason for putting the facilities underground.（施設を地下に作る一般的な理由）

デイビッド⑧から、「施設が地下に作られる理由」についての会話が始まり、3人によって同意がなされます。問題(A)にはこの理由についての言及がないので間違っているとはいえません。

e) The effect of conditions at the observatory on the telescope's performance.（観測所の状態が望遠鏡の働きにもたらす影響）

デイビッド④から「天文台の置かれる環境が望遠鏡の働きにおよぼす影響」についての会話が始まり、3人によって同意がなされます。問題(A)では下線部②に it will have the best possible conditions for observation. とあるだけなので、間違っているとはいえません。

(7) Which detail are the speakers clearly unable to agree on?（話し手同士がはっきりと合意にいたることができなかったものを選べ）

b) The identity of the world's driest desert.（世界でもっとも乾燥している砂漠はどれか）

ショーン④以降、「世界でもっとも乾燥した砂漠」について、3人ともバラバラ（デイビッド③はサハラ砂漠、ジョディ⑥⑦はサハラ砂漠またはカラハリ砂漠、ショーン⑤はアタカマ砂漠）で、同意はなされていません。特に頑固なデイビッドがまったく譲らないので、記憶には残りやすいかと思います。**正解は、b) です。**

ちなみに、この identity は「身元、正体」という意味で、ここでは「〜はどれか〔何か〕」という意味です。

ほかの選択肢については、すべて設問(6)と同じものなので、設問(6)の和

▶ Chapter 6

訳と該当箇所を参照してください。

(8) What does Shawn probably do for a living?（ショーンの仕事は何だと予想できるか）

d) He is an eye doctor.（眼科医）

ショーン⑧の下線部「僕の診療所に来る人はみんな来た時より目がよく見えるようになって帰っていく」から、彼は眼科医だとわかります。**正解は、d) です。**
※一応ショーン②に「待合室」というヒントはありますが、これには反応できないのが普通ですので無視していいでしょう。

ほかの選択肢
a) He is a barber.（理容師）

該当箇所はありません。

b) He is a comedian.（お笑い芸人）

ジョディ⑫に comedian とはありますが、これはショーンではなく、冗談ばかり言うデイビッドに言ったもの。しかも、あくまで「たとえ（コメディアンみたい）」であって、本当の職業ではありませんね。

c) He is a researcher.（研究者）

該当箇所はありません。

> **英語の核心！**
>
> この (8) の設問文の意味がすぐにわかりましたか？ What do you do?（お仕事は何ですか？）は有名な会話表現ですが、丸暗記してしまってはいけません。

What do you do? では「現在形」が使われていますね。現在形は**「過去にも現在にも未来にも起きること」**に使われます。そこで What do you do? の厳密な意味は「あなたは(昨日も今日も明日も)何をしますか?」で、そこから職業を聞く言い方になったわけです。最後に **for a living** が付いたのが、この設問文で、これも同じ意味になります(「生計のために」という意味を明確にするため)。

では、以下の英文の意味はわかりますか。

What do you do for fun?

これはかつてセンター試験でも出た表現ですが、間違っても「何か楽しい仕事をしていますか?」ではないとすぐにわかりますよね。
「あなたは、(昨日も今日も明日も)楽しむために何をしますか?」ということから「趣味は何ですか?」になるのです。
余談ですが、英語圏では初対面で職業をたずねることが日本よりずっと多く、**What do you do (for a living)?** は、みなさんの想像以上に多用されますよ。

---

(9) David is doubtful about the telescope project. Which of the following gives his main reason for feeling doubtful?(デイビッドはこの望遠鏡計画に懐疑的である。彼がそう考える主な理由は以下のうちどれか)

a) The giant telescope may provide great images of space, but that won't justify the cost.(巨大な望遠鏡は宇宙の素晴らしい像を見せてくれるかもしれないが、それでも費用がかかりすぎるから)

デイビッド[8]で「追加費用がかかるし、税金の無駄遣いに思える」とあり、やたら予算にこだわっていますね。またデイビッド[11]の「確かに宇宙の素晴らしい写真を新たに見られるようになるけど」という部分は、この選択肢の前半部分に一致します。**正解は、a) です。**

▶ Chapter 6

ほかの選択肢

b) **Nations build giant telescopes in order to gain status, but that strategy never succeeds.**（国家は名声を得るために巨大な望遠鏡を作るが、その戦略は決して成功しないから）

前半はデイビッド⑪にありますが、but 以降は本文に出てきません。

c) **The money used to build the giant telescope would be better spent on things like urban towers.**（巨大な望遠鏡を作るのに使われる費用は、都市のタワーなど、ほかのものに費やしたほうがよいから）

最後の urban towers は、あくまで「各国の見栄の張り合い」の例として出しているだけです。

d) **The giant telescope won't tell us about the current state of the universe, only about how it used to be.**（巨大な望遠鏡は現在の宇宙の状態については教えてくれず、かつての姿しかわからないから）

これはショーン⑫です。デイビッドの発言ではありません。

> **東大思考！**
>
> この問題はかなり難しいとは思いますが、デイビッドは予算にこだわっており、そこに注目できれば、お金の話は a) か c) しかないので 2 択に絞れます。c) が間違いであるのに気づけば、消去法で正解は得られます。
> 　b) や d) を選んだ人も多いでしょう。ただ、この問題 (B) ではデイビッドは最初からお金の話をしていて、途中でも（つまらないジョークを挟むものの）ひたすら予算の話にこだわっているので、その「大きな流れ」を掴めば正解に辿りつけるだろうという東大の意図があるのだと思います。

(10) When Jodi says the new telescope may help humans find a new planet if the earth is struck by a giant asteroid, what specific

fact does Shawn point out?（地球が巨大な小惑星に衝突された時に新しい惑星を探すのに巨大な望遠鏡が役立つかもしれないと言ったジョディに対して、ショーンが指摘した事実を選べ）

c) The new planet might have been hit by an asteroid by the time humans see it.（新しい惑星は人間がそれを観測するまでに小惑星に衝突されているかもしれない）

常に冷静なショーンの発言が問われています。ショーン⑫の下線部「僕たちがそれを見る頃には、その惑星だって小惑星に衝突されちゃってるかもしれないんだから！」から、**c)** が正解です。

ほかの選択肢
a) The new planet might not support human life.（新しい惑星では人間は生きていけないかもしれない）

該当箇所はありません。

b) The new planet might be hit by an asteroid after humans settle there.（新しい惑星は人間がそこに定住したあとに小惑星に衝突されるかもしれない）

d) The new planet might be hit by an asteroid while humans are on the way to it.（新しい惑星は人間がそこに向かっている途中に小惑星に衝突されるかもしれない）

この２つの選択肢は、後半部分が本文で述べられていません。

おわりに

　「はじめに」でも言いましたが、東大英語に関してはきちんとした分析がなされることはあまりないように思います。「良問揃い」などといった「感想」は聞かれても、具体的な分析はまったくと言っていいほどなされていません。
　確かに天下の東京大学ですから、受験生の中には、過去問を数年分やりこめば、特別な対策などしなくても合格してしまう天才もいるでしょう。あるいは、膨大な量の問題を解き、洋書を何冊も読破し、海外ニュースを日常的に聞いて理解できるくらい、異常に英語が得意な人もいるでしょう。こういった人たちは、我々英語の講師が特にアドバイスしなくても、自分の力で合格できてしまうわけです。
　しかし、こういった受験生は合格体験記に「英語は特別なことはしていない」とか、「洋書を読んだだけ」「毎日ニュースを英語で聞いただけ」といったことを、おそらく謙遜も交えて、よく書いています。すると受験生の中には、その言葉にまどわされて、東大英語の対策をしなかったり、非効率な勉強をしたりして、いい結果を得られない人もいるでしょう。

「東大英語はこうやって解くんだよ」
「この東大の問題は、実はこういう力が問われているんだよ」
「この問題は、そう答えて合格できると思っただろうけど、もっと深いポイントがあるんだよ」
「この問題をこの視点で解けば正解が得られるし、二次試験で高得点が取れるんだ」

そんな彼らに、こういうことを伝えたくて、本書の執筆に至りました。
　私はオンライン予備校で、中学生・高校生・大学生・社会人まで、年間で 30 万人以上の人に英語を教えています。30 冊の著作は文法・単語・作文・会話・発音・リスニング・長文読解・勉強法・TOEIC・英検・TEAPなど多岐に渡りますが、中でもいちばん自信を持っているのは「大学入試問題の分析と解説」です。このたび、日本有数のすぐれた受験生が集い、その英語力が問われる、東大英語の入試問題を思う存分に分析・解説できたのは、うれしくもあり、楽しくもあり、そして何より大変やりがいのある仕事でした。
　このような本書の執筆の機会をくださり、編集作業を進めてくださった研究社の金子靖さんに厚く御礼申し上げます。
　また金子さんと一緒に念入りに原稿整理やゲラの校正を進めてくれた高見沢紀子さんにも感謝いたします。
　最後に、数ある問題集の中から本書を選び、そしてここまで読み進めていただいた読者のみなさんに御礼申し上げます。必ず東大に合格することを著者として強く信じております。

2016 年 2 月
関 正生

出典一覧
Acknowledgments

p. 13　"The Future of Philosophy" by Moritz Schlick. First published in *College of the Pacific Publications in Philosophy*, I, 1932.

pp. 23-24　"Survival of the Cooperative" by W. Barksdale Maynard, *Harvard Magazine*, January-February 2013. Copyright © W. Barksdale Maynard. http://harvardmagazine.com/2013/01/survival-of-the-cooperative

pp. 33-34　"Truckstop" originally appeared in *Leaving Home* by Garrison Keillor (Viking USA, 1987). Copyright © 2014 by Garrison Keillor. Used by permission of Viking Books, an imprint of Penguin Publishing Group, a division of Penguin Random House LLC. Translated by arrangement with Prairie Home Productions, LLC.

pp. 41-42　"The Illusion of Understanding" from *Thinking, Fast and Slow* by Daniel Kahneman. Copyright © 2011 by Daniel Kahneman. Used by arrangement with Farrar, Straus and Giroux.

pp. 49-50　*Navajo Weapon: The Navajo Code Talkers* by Sally McClain, page 50. Copyright © 2002. Reprinted by permission of Rio Nuevo Publishers.

p. 63　*

p. 66　*How to Look At Everything* by David Finn, Harry N. Abrams. Copyright © 2000 by David Finn.

pp. 72-73　*The Physics of Star Trek* by Lawrence M. Krauss. Copyright © 2007 by Lawrence M. Krauss. Used by permission of Basic Books.

pp. 80-81　*Making Time: Why Time Seems to Pass at Different Speeds and How to Control It* by Steve Taylor, Icon Books Limited. Used by permission of Steve Taylor.

pp. 89-91　"Decision Fatigue" from *Willpower: Rediscovering the Greatest Human Strength* by Roy F. Baumeister and John Tierney. Copyright © 2011 by Roy F. Baumeister and John Tierney. Used by permission of Penguin Press, an imprint of Penguin Publishing Group, a division of Penguin Random House LLC.

pp 107-109　"First Dance" by Penelope Rowe from *The Blue Dress: Stories* compiled by Libby Hathorn, Mammoth. Copyright © 1991 by Penelope Rowe. Reprinted by arrangement with the Licensor, Penelope Rowe, c/- Curtis Brown (Aust) Pty Ltd.

pp. 128-30　"A Medium" from *The Complete Stories* by David Malouf, copyright © 2007 by David Malouf. Used by permission of Pantheon Books, an imprint of the Knopf Doubleday Publishing Group, a division of Penguin Random House LLC. All rights reserved. Translated by permission from David Malouf c/o Rogers, Coleridge and White Ltd. Arranged through The English Agency (Japan) Ltd.

pp. 149-51　From *How to Travel with A Salmon: and Other Essays* by Umberto Eco. Published by Secker & Warburg. Reprinted by permission of The Random House Group Limited. Translated by arrangement with Bompiani.

pp. 201-202 *

※上記のうち＊印を付したものは、著作権法第 67 条の 2 第 1 項の規定により、平成 28 年 3 月 2 日付で文化庁長官に裁定申請を行なった上で利用しています。

●著者紹介●

関 正生（せき まさお）

　英語講師。1975 年 7 月 3 日東京生まれ。埼玉県立浦和高校、慶應義塾大学文学部（英米文学専攻）卒業。TOEIC テスト 990 点満点取得。リクルート運営のオンライン予備校「スタディサプリ（旧称：受験サプリ）」講師。オンラインレッスン「資格サプリ」でも TOEIC 対策を担当。

　過去に在籍した予備校では、超人気講師として活躍（250 人教室満席、朝 6 時から整理券配布、立ち見講座、1 日 6 講座［1 講座 200 人定員］すべて満席）。

　著書に『丸暗記不要の英文法』（研究社）、『TEAP 攻略問題集』（教学社）、『サバイバル英文法』（NHK 出版新書）、『世界一わかりやすい英文法の授業』『世界一わかりやすい英文法・語法の特別講座』『世界一わかりやすい　英文読解の特別講座』『世界一わかりやすい　早稲田の英語　合格講座』『世界一わかりやすい　慶應の英語　合格講座』『世界一わかりやすい英語の勉強法』『世界一わかりやすい TOEIC テストの授業 [Part1-4 リスニング]』『世界一わかりやすい TOEIC テストの授業 [Part 5&6 文法]』『世界一わかりやすい TOEIC テストの授業 [Part 7 読解]』『世界一わかりやすい TOEIC テストの英単語』（以上、すべて KADOKAWA）など多数あり、累計 80 万部（一部は韓国・台湾でも翻訳出版中）。

　また、週刊英和新聞『朝日ウイークリー』（朝日新聞社）で英語コラムを連載中。NHK ラジオ講座『入門ビジネス英語』（NHK 出版）での連載、英語雑誌『CNN ENGLISH EXPRESS』（朝日出版社）、『NHK 英語でしゃべらナイト』（主婦の友社）などでの特集記事執筆、『PRESIDENT』などビジネス雑誌の英語特集の取材も多数。

　TSUTAYA では DVD 版授業 29 タイトルレンタル中（全作品週間 1 位を獲得）。『世界一わかりやすい英語の授業』1～3、『世界一わかりやすい TOEIC テストの授業 文法・読解』ほか、DVD box 9 作。

　オンライン英会話スクール hanaso（株式会社アンフープ）での教材監修など、英語を学習する全世代に強力な影響を与えている。

●英文校正・英作文解答●
Karl Rosvold

●編集・翻訳協力●
長尾莉紗
柳原愛　桑原雅弘　蒔田遼

●リスニング問題音声吹き込み●
Nadia McKechnie ／ Michael Rhys（イギリス人）
Peter Serafin（アメリカ人）

●音声編集●
佐藤京子（東京録音）

●音声録音協力●
アート・クエスト

東大英語の核心

● 2016年5月9日 初版発行 ●

● 著者 ●

関　正生

Copyright © 2016 by Masao Seki

発行者　●　関戸雅男
発行所　●　株式会社　研究社
〒 102-8152　東京都千代田区富士見 2-11-3
電話　営業 03-3288-7777（代）　編集 03-3288-7711（代）
振替　00150-9-26710
http://www.kenkyusha.co.jp/

KENKYUSHA

装丁　●　久保和正
組版・レイアウト　●　mute beat
音声録音・編集　●　東京録音
印刷所　●　研究社印刷株式会社

ISBN 978-4-327-76483-8 C7082　　Printed in Japan

価格はカバーに表示してあります。
本書のコピー、スキャン、デジタル化等の無断複製は、著作権法上での例外を除き、禁じられています。
また、私的使用以外のいかなる電子的複製行為も一切認められていません。
落丁本、乱丁本はお取り替え致します。
ただし、古書店で購入したものについてはお取り替えできません。

研究社の出版案内

丸暗記不要の英文法

関 正生〔著〕

英文法の疑問が氷解！

今まで丸暗記させられた英文法を、論理的に解説。

↓

センター試験ほか、有名私大の入試予想問題で、解法を確認。

↓

抽象的に思えた英文法の疑問が氷解する！

「ああ、そう考えればいいのか！」
カリスマ英語講師による「超論理的」英文法解説！

今まで丸暗記させられた英文法を論理的に解説する。
英文法の核心を理解し、センター試験や有名私立大学の
英語の問題の解法を身につけよう。
抽象的に思われた英文法の疑問が氷解する瞬間を、
本書でぜひ体験してほしい。

関 正生（オンライン予備校「受験サプリ」講師）

次の英文のカッコ内に入るものを選びなさい。
【問題1】
" How's your golf game these days? "
" (　　) ! "
1. Much never　　2. Better much　　3. Better never　　4. Never better

【問題2】
The manager proposed that marketing research (　　) before the product is released.
1. was not conducted　　2. be conducted
3. will be conducted　　4. had been conducted

【問題3】
You can't (　　) your problems on me.
1. refer　　2. insist　　3. blame　　4. locate

答えは本書の中！　カリスマ講師が論理的かつ徹底的に解説します。

A5判 並製 222頁　ISBN978-4-327-76482-1 C7082